中国现代乡村振兴战略与实践研究

丁越峰　著

中国书籍出版社
China Book Press

图书在版编目（CIP）数据

中国现代乡村振兴战略与实践研究 / 丁越峰著 . --

北京：中国书籍出版社，2023.10

ISBN 978-7-5068-9599-6

Ⅰ . ①中… Ⅱ . ①丁… Ⅲ . ①农村－社会主义建设－

研究－中国 Ⅳ . ① F320.3

中国国家版本馆 CIP 数据核字 (2023) 第 185844 号

中国现代乡村振兴战略与实践研究

丁越峰　著

责任编辑	成晓春
装帧设计	张秋艳
责任印制	孙马飞　马　芝
出版发行	中国书籍出版社
地　　址	北京市丰台区三路居路 97 号（邮编：100073）
电　　话	（010）52257143（总编室）（010）52257140（发行部）
电子邮箱	eo@chinabp.com.cn
经　　销	全国新华书店
印　　刷	天津和萱印刷有限公司
开　　本	710 毫米 ×1000 毫米　1/16
字　　数	206 千字
印　　张	11.5
版　　次	2024 年 1 月第 1 版
印　　次	2024 年 1 月第 1 次印刷
书　　号	ISBN 978-7-5068-9599-6
定　　价	72.00 元

作者简介

　　丁越峰　博士研究生学历，中共甘肃省委党校（甘肃行政学院）科学社会主义教研部副教授，副主任。研究方向为基层社会治理、基层民主建设。多次参与和承担国家重点和重大课题。发表论文十余篇。

前　言

农业是国民经济的基础，关系着改革开放和现代化建设全局。中国要强，农业必须强；中国要美，农村必须美。建设社会主义新农村，必须坚持中国特色，立足中国新农村建设现实情况，走适合农村实际发展的道路。2017 年 10 月 18 日，在党的十九大报告中，习近平同志提出了乡村振兴战略。报告中提出，对于国计民生来说，农业、农村和农民问题是最根本的问题，在进行乡村振兴战略的过程中，要坚定不移地把全党工作的重心放在解决好"三农"问题上。乡村战略的实施，主要包括坚持党管农村工作、农业与农村优先发展、农民主体地位、乡村全面振兴、城乡融合发展、人与自然和谐共生、因地制宜和循序渐等进几个方面。

乡村发展对于国家发展具有至关重要的作用，国家会随乡村发展兴盛而兴盛，反之亦然。我国在成为社会主义现代化强国的进程中，虽然最大的短板、最艰难繁重的任务、最突出的矛盾（人民日益增长的美好生活需要和不平衡不充分的发展之间的矛盾）集中体现在农村，但在现代化发展中，范围最广最深厚的基础、最大的潜力和后劲也集中体现在农村。基于此，本书紧紧围绕中国现代乡村振兴战略与实践展开研究。

本书内容共分为五章，第一章简述了乡村振兴战略，主要包括五个方面内容，分别是乡村振兴的意义、乡村振兴的思路、乡村振兴的要求、乡村振兴的理论基础、乡村振兴的建设与发展；第二章阐述了基于乡村振兴战略的产业振兴路径，共包括三个方面内容，依次是乡村产业振兴的原则与意义、乡村振兴战略背景下产业振兴的理论依托、乡村振兴战略背景下产业振兴的路径探索；第三章基于乡村振兴战略的角度，对农业现代化进行阐述，主要包括三个方面内容，分别是中国式农业农村现代化、农业现代化与农业产业升级、乡村振兴战略下的农业现代化对策；第四章对科技支撑乡村振兴面临的问题及解决思路进行了论述，主要包括四个方面内容，分别是科技支撑乡村振兴的现实需求与关键着力点、科技支撑乡村发展、科技支撑乡村振兴面临的突出问题、新形势下科技支撑乡村振兴的对策建议；第五章阐述了推进乡村人才振兴战略思路，主要包括五个方面内容，依次是问题的提出、乡村人才的供需现状、乡村人才振兴的实践探索、乡村人才振兴的战略部署、乡村人才振兴的保障措施。

在撰写本书的过程中，作者得到了许多专家学者的帮助和指导，参考了大量的学术文献，在此表示真诚的感谢。由于作者水平有限，书中难免会有疏漏之处，希望广大同行批评指正。

2023 年 3 月

目 录

第一章　乡村振兴战略简述

本章简述了乡村振兴战略，主要包括五个方面内容，分别是乡村振兴的意义、乡村振兴的思路、乡村振兴的要求、乡村振兴的理论基础、乡村振兴的建设与发展。

第一节　乡村振兴的意义

乡村是一个综合的地理领域，具有自然特征、社会特征和经济特征，同样具备多种功能，包括生产、生活、生态和文化等方面。乡村和城市相互依存，互相促进和共存，构成人类活动的主要空间。农村富裕则国家强盛，农村贫困则国家衰弱。随着我国人民生活水平不断提升，乡村地区的不平衡、不充分发展问题成为一个突出的矛盾。由于我国仍处于社会主义初级阶段，这种不平衡、不充分发展的状况在乡村地区表现得尤为鲜明。

一、乡村振兴是实现中华民族伟大复兴的历史使命

自中华人民共和国成立以来，城市和工业一直是经济社会发展的核心，无论在改革开放前还是后很长一段时间内都是如此。与此同时，乡村和农业作出巨大的贡献和牺牲。在工业化与城市化的飞速发展和深入推进中，城乡分化与农村发展分化现象均在我国出现，主要体现在发展不平衡和发展不充分两个方面。当前，城乡间和农村内部发展的不平衡是最大的不平衡，"三农"发展的不充分是最大的不充分，具体包括农业现代化、社会主义新农村建设、农民综合素质提高以及分享现代化成果等多个方面。

开展好乡村振兴这个课题，是党的历史使命的要求，为亿万农民谋幸福。始终铭记在我国革命、建设和改革过程中亿万农村作出的努力及取得的辉煌成果，

只有充分肯定亿万农民的价值，他们的积极性、主动性、创造性才能够得到最大限度的发挥。从另一个角度来说，在现代化进程中，每一个国家的乡村都会经历一段艰难的转型和重建，我们应该为世界乡村问题的解决提供中国的智慧和解决方案。到目前为止，许多发展中国家对于"三农"现代化问题均束手无策，因此，我们干好乡村振兴事业，本身就是对全球的重大贡献。

提出乡村振兴，目的在于激发乡村发展活力、提高乡村魅力、研究新时代可持续发展的乡村机制。乡村振兴着重以农业和农村的发展为优先，这既体现了对乡村地位和作用的高度认可，又是从历史的角度审视乡村的地位和作用，还是实现中华民族伟大复兴的中国梦的历史责任。

二、乡村振兴是建设社会主义现代化国家的必然要求

根据我国的基本国情，即使城市化进程完善之后，仍然有大约 4 亿的人口生活在农村。习近平总书记指出，全面小康社会的质量和社会主义现代化的水平，取决于农业的强弱、农村的美丑以及农民的富裕程度。我国的现代化是整体性和综合性的现代化，同时涵盖工业、城市和农业农村的现代化。如果缺少农业农村的现代化，国家现代化就会存在不完整、不全面、不牢固的问题。

目前来看，相较于发达国家，我国最急需发展的领域依然是乡村。农业现代化是我们走向现代化道路中不可或缺的一部分，必须紧密结合起来，不能轻易抛弃。即使未来我国城镇化率超过70%，仍有 4—5 亿人居住在农村地区。农村永远不会变成荒废的地方，它将会一直是留守者们的家园和回忆中的故土。现代化水平的发展取决于最薄弱的环节，这与木桶原理相似。农业现代化的进展落后于其他三化同步推进的水平。因此，要实现现代化，关键在于解决二元结构问题，包括城乡之间的分割和工农业之间的差异，促进农业和农村的一体化发展。因此，要实现"四化"同步发展必须要坚持农业农村优先发展，补上农业农村现代化这块短板。尽管我国现代农业有着较快的发展速度，但乡村地区的发展仍然相对滞后。

因此，推动农业农村现代化加速发展，是实现"三农"事业可持续发展的关键所在。这需要我们注重在各方面，比如经济、政治、文化、社会、生态文明建设等多方面，加快乡村全面发展。近几年，我国的经济和国力有明显提升，为推

动农业农村现代化提供了必要的条件。需要全社会各方力量加大对"三农"领域的支持，促进"三农"新发展格局的形成。

三、乡村振兴是新时期乡村发展的关键举措

21世纪以来，我国再度加强了对"三农"政策的支持，在党的十九大报告中，乡村振兴战略被提出，将乡村和城市放在同等重要的地位。同时，政策更注重发挥乡村的内在积极性、主动性和创造性，并通过建立可持续发展机制，实现长期稳定的发展。此外，政策更充分地利用乡村方面的产业、生态和文化资源。

（一）乡村振兴加快推动了农业产业化转型升级

基于整合种植、养殖、加工、销售和旅游等深度融合的理念，依托领军企业，将现代产业发展的思想与组织形式引入农业领域，推进全产业链的进展，并塑造了大量有着地域、行业和企业特色的品牌。

支持领军企业和高等院校协同创新，重点培育粮油、畜牧、水产、果蔬、茶产业、中药材等，以农业产业化为主要方向的产业，做强这些产业。

以资本运作、科技创新、集聚发展等要素为重点，引领企业提高发展水平和竞争力，同时培育壮大行业领军企业。在现代农业领域，我们致力于建设高起点、高标准的现代农业发展先行区。为此，我们将突出现代农业产业园的多方面作用，包括第一、二、三产业深入融合、农户带动、技术集成等，以引领整个产业园区的发展。

（二）乡村振兴倾力打造了新产业新业态新模式

为了促进乡村休闲旅游业的发展，党和国家采取了一系列措施。例如，通过奖励的方式来促进改善重点村的交通道路、宽带网络、停车场、厕所、废水处理设施等基础设施条件；先建立基础设施后再进行补贴，或者通过财政的贴息来促进乡村旅游业的发展。此外，还支持建立一些集休闲农业、历史文化、传统村落和森林景区于一体的地方，并发挥产业园的引领作用。

在农业生产、加工和销售的领域广泛应用大数据、云计算、物联网和移动互联网等信息技术。加强从村到乡镇的物流体系建设，完善农业电商供应链，积极发展电子商务。

增大农业生产全程社会化服务、政府购买农业公益性服务机制创新试点的范围，积极开展农业社会化服务。

创建田园综合体，加快以乡村田园景观和农事活动为基础的田园综合体建设，包括"三生统筹"（农村生产生活生态）、"三产融合"（第一、二、三产业）、"三位一体"（农业文化旅游）。

（三）乡村振兴补齐了农业农村发展短板

通过加强河流治理、综合防洪湖泊管理、加强排涝能力建设、对容易出现问题的小型水库进行加固，还有实施农村饮水安全加固工程和升级改造农村电网，推进农村道路建设，积极推进农村厕所、垃圾、污水专项整治，强化农业基础设施建设。我们可以采用科技下乡、技术下乡等途径，指导现代新型职业农民技能，完善先进的农业科技创新宣传机制，促进农业高新技术领域的示范区落成，进一步加强农业科技创新力量以及推广宣传工作，进而提高农业的现代化水平。通过提升乡镇卫生院医疗服务水平、改善薄弱义务教育学校基本办学条件、全面推行城乡居民大病保险制度、统一实施城乡居民基本养老保险政策，以及有效提升农村公共服务水平，实现全面发展。

（四）乡村振兴不断深化农村改革

1. 深化土地制度改革

探索可以实现"三权分置"的各种不同形式。探寻多种盘活农村闲置宅基地和闲置农房的形式。

2. 扎实推进农村集体产权制度改革

展开全面的农村集体资产清查和核算工作，确保农民集体资产权益得到保障。保障农村进城落户、农民的土地承包、宅基地使用和集体收益分配权。

3. 扎实开展"三变"改革

提倡在各地设立引导基金，来推进"三变"改革项目的建设，以发掘"资源转化为资产、资金转化为股权、农民变身为股东"的实现途径。

4. 着力破解要素制约

赞成试行农村金融创新项目，例如，融资风险补贴、互助基金、农业贷款、以经营权为担保的贷款等。实施农户大灾保险试点，控制规模合理。确切地解决与新型农业经营主体有关的农业设施用地难题。鼓励并支持农民工、大学生等回到家乡发展创业就业，这将有助于促进乡村振兴的新动能。

乡村振兴逐渐确立了新时期的发展新动能。这种发展思路标志着城乡关系的全新变革，乡村不再是被动接受城市的支援和发展，而是要主动推动自身振兴，并与城市实现融合发展。

四、乡村振兴是新时期农业农村现代化的有效途径

从历史角度看，我国城乡发展不平衡不协调的矛盾比较突出，历史欠账太多，再加上多种因素制约，城乡居民收入差距较大，农业基础仍不稳固，农村社会事业发展滞后。乡村振兴的目标是在借鉴历史经验的基础上，展望未来，全面推进城乡协调发展，提出了乡村发展的全新要求和发展蓝图。加快推进农业农村现代化，实现乡村振兴，善用经济、政治、社会、文化、生态等方面资源，实现全面发展，进而达到协调平衡的经济社会发展目标。这同时也能够补齐乡村在社会主义现代化强国建设进程中的短板。

从理论角度看，习近平总书记早在 2013 年中央农村工作会议上就提出："中国要强，农业必须强；中国要美，农村必须美；中国要富，农民必须富。"乡村振兴是深化改革开放，实施市场经济体制，系统解决市场失灵问题的重要抓手。2015 年 7 月，习近平总书记在吉林调研时又指出："任何时候都不能忽视农业、不能忘记农民、不能淡漠农村。"2016 年 4 月在安徽凤阳县小岗村召开的农村改革座谈会上强调："要坚定不移深化农村改革，坚定不移加快农村发展，坚定不移维护农村和谐稳定。"他还指出，推进城镇化是解决农业、农村、农民问题的重要途径，是推动区域协调发展的有力支撑，城镇建设要体现"尊重自然、顺应自然、天人合一"的理念，依托现有山水脉络等独特风光，让城市融入大自然，让居民望得见山、看得见水、记得住乡愁。从实践上看，乡村振兴是回应民众新的期望，以人民为核心，积极优化农业产业，有效保护和建设农村社区，逐步促进农民的发展和进步，提升人们的社会流动性，满足人民对美好生活的期许，确保每个人在我们的社会主义国家中享有尊严的生活。这一过程旨在实现农业全面升级、农村社区全面进步和农民全面发展。

乡村振兴始终围绕农业农村现代化这一总体目标，着重关注政策的实施和相

关战略的执行，使得产业兴旺、生态宜居、乡风文明、治理有效、生活富裕的总要求落地，建立完善城乡融合发展政策体系和体制机制，并实现农业农村优先发展。通过不断推进农业农村现代化，增加农民经济收入，提高农村经济发展水平，缩小城乡差距，彻底实现乡村振兴，从而推进整个社会的协调发展。

第二节　乡村振兴的思路

在新时代背景下，深入贯彻落实党的十九大及中央农村工作会议精神，应坚持高质量发展不动摇，加快农业农村由量变到质变的跨越式发展。针对这一情况，我们应该集中把如下五个方面作为实施乡村振兴的基本思路。

一、以产业振兴为支撑，加快形成乡村现代产业发展新格局

（一）着力提升产业质量

进一步深化农业供给侧改革，鼓励农业从单纯追求增产的模式转变为注重提高质量的模式。倡导在农村地区广泛推广使用先进技术和机械设备，以提高农业供应的质量。以分片区的形式对产业结构进行调控从而促进产业的转型更新，推进绿色、循环和生态农业。通过特色和主导产业的辐射作用，全面提高农业发展质量和效益。加大花卉果蔬、水产养殖等特色产业的开发力度，依靠特色产业推动周边产业发展速度，加快初始产品向高附加值产品的转型，逐步打造一批高质量、高效益且更具附加值的主导产业。

（二）稳步扩大产业规模

将适当规模经营作为推动产业振兴的主要途径，采用多样化的方式来弥补产业的不足之处。同时展现农民合作社的桥梁作用，鼓励家庭农场成立合作社，以便小农户能够和现代农业有机地衔接。将一些头部企业做大做强，使它们成为促进产业发展的重要支柱。我们的目标是积极培育具有高科技含量和品牌竞争力的行业领头企业，并建造现代农业示范园、返乡创业园和田园综合体，这些园区集聚力强、覆盖面广，涵盖循环农业、创意农业和农事体验等方面。

（三）不断优化产业模式

通过完善"合作社（公司）+ 农户 + 基地"的模式，建立紧密的利益联结机制，吸引更多农民加入合作社，实现农民共同致富，摆脱单兵作战的局面。农民与土地一起作为股东进入合作社，土地收入以股权分配，而农民则以工资分配，合作社负责提供技术指导、耕种管理、包装营销，实现规模效益，解决了原料供应和销售渠道等问题，让农民在市场风险中更有能力，并可持续致富增收。在这个基础上，我们可以探究多种农业发展模式，如"支部 + 合作社 + 基地 + 农户""合作社 + 种植大户 + 集体 + 农户"等，并且整合所有相关方的资源优势，以达成最佳的经济与社会效益相互促进的局面。

（四）加速促进产业融合

要推动农村产业振兴，关键在于促进第一产业、第二产业和第三产业的协同发展。我们需要将构建第一、二、三产业融合发展体系视为我们的目标。我们需要摆脱"乡村的产业只能是农业"的传统思维，努力发展第一产业、优化第二产业、推动第三产业活跃发展。这有助于将农业从平面扩张转变为立体拓展，形成高效利用资源、功能复合叠加的现代农业产业体系。一方面积极促进农业产业链向纵深发展，加强种植和养殖业之间的紧密合作与互动，实现互利共赢，其中种植业提供饲料支持养殖业，养殖业反过来为种植业提供肥料。另一方面，我们可以通过向绿色休闲、农活体验、文化体育、健康养生和电子商务等方向拓展来丰富我们的产业链。这意味着我们将着重发展农业加工业和休闲旅游领域，以推动不同产业的融合。我们将采用"三二一"倒逼模式，引导第三产业的发展，并促进深加工农业产业的发展，增加农产品的附加值，为农业农村经济的发展注入新的活力。

（五）合力推进产业扶持

实现农村产业振兴需要政府领导，同时也需要企业和社会多方合作来落实，克服"地""钱""人"等方面的问题。主要从两方面进行，一方面，深化农村土地制度改革，包括完善农村用地政策、开发并有效利用农村的集体经营性建设用地、探索建立农业农村发展用地保障机制，落实农村土地的集体所有权、农户承包权以及土地经营权"三权分置"措施；另一方面，加大财政扶持力度，包括优先保障农业和农村的发展、建立财政、银行、保险、担保四种方式的支农政策体系，完善规范透明、标准科学、约束有力的支农资金预算制度，实现财政、金融、社会的多元投入，加速推进支农政策的发展。

二、以人才振兴为保证，构建新型职业农民为主的支撑体系

（一）培养现代农业经营管理人才

我国在推进现代农业发展中遇到的主要问题在于小规模生产者难以适应大规模市场需求，二者之间存在矛盾。在中国的特定环境下，小规模生产是社会现实的必然结果，而大规模市场则是人们追求更好生活的自然需求。为了解决小规模农业生产与大规模市场需求之间的矛盾，我们需要通过不同的农业组织创新方式，如新型合作社、农村专业技术协会、一二三产业融合、公司与农户的合作、公司与基地的合作等手段来实现。所有这些新型组织方式，实质上都是将土地、资本、技术和管理高度整合的方式。经营管理人才具有启动、协调和推动工作的重要作用。农业经营管理人才应具备开放的视野和独特的洞察力，能够有效地认识、开发和配置资源，实现成功的创业。需要重视党的农村工作的重要性，全面理解政策文件的实质精神；需要具备掌握市场规律和趋势的能力。同时，还必须具备深厚的"农村"情怀，热爱乡村，了解乡村事务。

（二）培养新型职业农民和农业科技人才

新型职业农民是指在习近平总书记的提倡下，以农业为主要收入来源的农民，他们热爱农业事业，在技术方面有一定的了解，并善于经营农业生产，其农业收入应占其总收入的 90% 以上，生产水平也非常高。农业科技人才涵盖两类人员：一类是在农业现场应用技术的生产线技术人员，另一类是提供科技支持的科研专家。科技推动了大田种植、园艺、畜产养殖、特色种养等农业领域，同时也促进了乡村休闲观光旅游业的发展。虽然农业科研人才数量不多，但他们的贡献非常重要，尤其是在农业高校和农业研究院所集中。因此，应持续推陈出新，不断引进和提供最新的技术，为技术应用领域的专业人才提供前沿性的技术支持。

（三）着力挖掘乡村文化人才

选拔热爱乡村文化事业、拥有专业技能、业务素质高、愿意奉献的优秀人才加入乡村文化工作队伍，从而打造一支专业化的文化工作管理团队。通过重视非物质文化遗产传承人的寻找、申报和培养，来保护宝贵的传统文化承载体。应开展文化人才培养工程，加强培训乡村文化工作人员和基层文化骨干的力度，帮助他们提升政治素质和业务技能；还要增加对乡村文化的投资，改善经济和工作条件，提高乡村文化岗位的吸引力。

（四）大力实施基层组织带头人提升行动

基层组织治理水平的提高取决于人员力量，特别是基层党员干部的素质和能力。因此，必须紧紧抓住村庄管理的核心——村支两委负责人，在村支两委候选人中纳入那些致富带头人、返乡创业人员和合作社负责人等优秀人才。还要加强基层组织的关键支持作用。可以在村里招募大量高校毕业生以及中央和地方机关的优秀干部和党员，选出一批在当地拥有威望、言行有分量的人，与村内的老师、老干部和种植专家等乡贤联手，共同为村子谋划出路；同时将进一步健全选拔优秀村党组织书记提拔乡镇领导干部、招录乡镇机关公务员等制度，为基层干部打造更加完善的职业发展通道。为了激发村干部的工作热情和积极性，我们应当逐步提高他们的工资待遇，并根据他们的工作表现增加绩效奖金。对于那些已经离开村干部岗位但表现突出的人，我们也应该在生活补贴、养老保险等方面给予保障，以增强他们对工作的归属感和认同感。此外，还要加强对村干部的培训和教育，注重培养其党性、法律意识和公仆意识，提升他们在乡村治理方面的能力。

三、以文化振兴为依托，努力打造留住乡愁的精神文化阵地

（一）注重乡村文化的开发包装

第一，发掘农村文化特色资源。挖掘乡村的历史背景，提取本土文化元素，加强对传统艺术、节日庆典、美食等资源的普查工作，增强文化资源保护责任；建设综合性的文化中心，以多元文化为基础，融合不同元素打造更为丰富的场所。通过将文化与旅游、农业以及农产品加工等有机结合，采用新型业态开发包装，

如"全域旅游""创意旅游"等，来推动文化价值与经济价值的有机结合，摆脱传统的开发模式。第二，创建具有高品质的乡村文化特色的品牌形象。对乡村文化进行比较和评估，并且深入挖掘其中的红色文化、祠堂文化、家训文化以及民族民俗文化等方面。此外，还要进行高水平和富有创意的品牌包装策划，以打造出具有地方特色的乡村文化。

（二）做好乡村文化的保护传承

将传统乡村文化元素纳入村庄规划建设，加强保护经典村庄、民族聚落、名贵古树、农业遗址等遗产，并在开发建设的过程中，延续农村文脉、设立文化陈列馆和文化博物馆、还原具有代表性的历史文化遗址。推动乡村民间技艺的传承。推进优秀戏曲曲艺、非物质文化遗产和传统手工技艺的传承和发展，加快建立乡村优秀文化遗产传承机制，并支持非遗的申报、技艺传承和专利申报等，实施非遗传承人的研习培养计划，同时推进乡村非遗展示与传习基地的建设。

（三）加强乡村文化的宣传教育

通过科学理论教育，使村民增长见识，提高思维水平，富化思想，从而使村民的文化和知识水平更上一层楼。为了创造一个乡风文明、家风和民风淳朴的社会，我们应该以培养和实践社会主义核心价值观为目标，广泛展开宣传教育活动。这些活动包括：成立一个培养乡风文明的理事会，建立一支文明劝导服务队，开设一个道德讲堂，创建一批文化宣传墙，并举办一系列的评选活动，以确保新时代的农村良好新风尚能够渗透到生产和生活的各个方面。基于卓越传统文化的发展推广教育，开拓农村文化传输多元形式。促进乡村文化设施建设，包括乡镇文化中心、文化广场、农村文化礼堂、图书馆、数字媒体等，注重倡导教育、礼仪、家德家风等文化内涵，建立健全的乡村新文化体系。同时，加强农村法制宣传教育活动，力求覆盖全面。为了促进农村经济发展和社会和谐稳定，我们将提供法律服务，并设立法律讲堂，让广大村民学习、了解和运用法律知识，以保护自身合法权益。这将有助于营造良好的法治氛围。

（四）促进乡村文化的多元投入

加强乡村文化建设资金投入，提高财政支出中文化事业的比重，增加农村公共文化服务支出总额，设立乡村文化建设专项基金，促进公共文化建设覆盖全面，发挥政府投入的引导作用和杠杆效应。引导社会力量积极参与乡村文化建设，开展众筹活动，发挥非遗保护组织的作用，推动村民自主筹集资金，创办农民演出团队、农家书屋等文化设施，同时选拔一批热爱乡村文化的文化人才、大学生和退伍军人等来加入乡村文化建设的队伍。

四、以生态振兴为基础，积极构建乡村绿色宜居宜业家园

（一）打造绿色人居环境

在乡村振兴计划中，提高人居环境质量应得到重点关注。为了实现农村发展与环保建设的有机结合，需要加强对农村污水、垃圾、空气等方面的治理，同时促进农村新业态、新模式的发展，以保障人居环境与产业发展的协调与和谐。同时，还要增加在农村人居环境基础设施方面的投资，逐步建立政府、企业、社会的多元投入机制，积极协调和沟通上级相关部门，争取获得专项资金支持。

（二）推进绿色生产方式

要实现农业产业与资源环境协调发展，至关重要的就是必须坚持绿色生产模式，并且在农业生产的全过程中坚守生态建设的底线。通过推广先进养殖和农作技术，使用高效低毒低残留农药，实现农业生产结构合理化、生产技术生态化、生产过程清洁化、生产产品无害化。在保护和发展中取得平衡，实现绿水青山和金山银山的持续发展。要积极促进环境治理行动，遵循防治相结合，从根本治理的原则，强化对乡镇企业的监管和检查，巩固达标排放的成果，严谨监控重点污染企业，对新建企业实行严格的环境评估审批。我们要积极实施农业标准化生产基地建设，促进农村循环经济的发展，建设一批综合种植、养殖与加工的试点项目，同时加强无公害、绿色、有机食品的生产基地建设。

（三）构建生态环境保护治理长效机制

唤起农村居民内在的动力，发挥农民的主导作用。在农村基础教育中，应该加大环境教育方面的投入，多样化地使用不同的教育形式来提高农民对环保的认识，引导他们积极参与人居环境规划、建设和管理的全过程。优化乡村生态环境

监管机制，加强生态考核指标体系，确立将乡村环境质量纳入年度政府绩效考核的明确要求。改善农村生态环境需要建立更完善的补偿机制。这个机制应该基于"谁保护谁受益，谁使用谁付费"的原则，同时加快建立资源保护补偿政策，并建立绿色发展方式的补贴。此外，我们还应该利用财政转移支付制度建立改善农村环境专项基金，完善农村基础设施的运营和管理机制，确立农村基础设施运营和管理的补助标准，并将其纳入各级预算中，同时逐步实行农村公共资源的合理收费和公共服务补偿机制。

五、以组织振兴为保障，大力推进乡村治理体系现代化

（一）积极构建"三治结合"的乡村治理体系

在乡村建立自治、法治、德治三者相融合的治理体系，侧重于发挥法治在保障方面的作用。建设完备的基本公共法律服务体系，以便更广泛、更深入和更全面地向农民群众提供法律服务。同时，积极开展平安乡镇和平安村庄等活动，并充分利用党员干部作为"领头雁"的引领作用，推动村支两委按照法律法规进行规范管理，并真正实现在遇到问题时依法解决问题，办事依法的法治型乡村秩序。要采用多种教育途径提高村民的公民素质，包括增强村民的权利观念、责任感及参与精神，从而发挥村民自治的核心作用；加强农村基层自治制度建设，强化民主选举、民主决策、民主管理和民主监督机制；积极发展群众性自治组织，建立村民议事会、道德评审团、乡贤参政会等组织形式，促进村民自我管理、自我教育、自我服务的机制建设。要在乡村治理中融入道德治理，发挥道德治理在基础方面的作用，为乡村自治和法治赢得情感支持；加强家风建设，不断开展"道德模范""文明家庭"等评选活动，并丰富百姓的精神文化生活。通过深入挖掘和传承乡村文化，让社会主义核心价值观融入每个家庭；同时，探索乡贤文化的发展模式，让乡风民风更加崇德向善、见贤思齐。

（二）逐步完善乡村基层治理多重机制

第一，完善村民大会制度和基层信访制度，确保处理信访案件的责任在第一时间落实。应该让治理主体可以顺畅地听取村民的诉求，并建立一个健全的维权组织体系，同时也鼓励村民自治组织的发展。第二，建立完善的乡村政府信息公

开制度。政务公开是促进基层民主建设的重要举措之一，可以通过举行党委会、支部委员大会、村民代表大会等形式来实现。此外，还可以设立党务、政务、村务公开的展示栏，以及建立在线公示平台来实现政务公开。第三，重新设计乡村公共产品供应机制，建立有效的监控机制来保证公共产品得到充分利用，同时改善乡镇政府和村支两委的公共财政预算和审计制度，确保专款专用。应设立乡村民主监督机构，执行村级微权力清单制度，重点打击在惠农补贴、集体资产管理、土地征收等方面损害农民利益的腐败行为，力图创造思维新颖、流程标准化、结构合理、制度优化的乡村治理氛围。

第三节 乡村振兴的要求

乡村振兴所要求的"产业兴旺、生态宜居、乡风文明、治理有效、生活富裕"是密不可分的有机整体，因此准确理解总要求的具体含义及其相互关系是非常重要的，这有助于我们梳理乡村振兴的战略思路，并全面、科学、系统地实施相关工作。

一、产业兴旺

"产业兴旺"是乡村振兴的重点。如果我们不能持续培养乡村产业，那么乡村振兴就无从谈起。

（一）夯实农业基础确保粮食安全

要牢记农业基础的重要性，积极实施"土地和技术中藏粮"的策略，充分发挥农田水利设施的保障作用，利用现代化科技来提高农业产量和品质，增强食品生产能力，即保证中国人自己生产的粮食填补中国人自己的饭碗，使用中国自己研发的高级品种，并加强国家粮食安全战略的可靠性和实效性。同时，要加强农业结构优化，提高农业国际竞争力，持续提升农民收入水平。

（二）坚持绿色发展推进质量兴农

要让农业发展更加优质、绿色、品牌化，需要调整农业发展方式，建立现代化的农业产业、生产和经营体系，以提高农业发展的质量、效率和持久力为目标，推进农业发展向着更加高质量、高效率和高能动性的方向转变。

（三）通过产业融合促进产业振兴

在推进城镇化和工业化的同时，需要重视将工业产业发展的重点不仅局限于城市，还要制定各种政策，引导资本和资源向乡村和县域经济发展聚集。因此，乡村产业振兴需要采取各种政策和措施，引导各方力量投入到县域经济发展中，以适应农民需要和各方人才展示才华的需求。这可以通过推进现代农业产业园建设、促进乡村一二三产业融合发展等方式实现。这样做既能推动城市的繁荣发展，又能为乡村创造更广阔的发展空间，促进乡村产业振兴。

（四）推动特色产业激活乡村活力

为促进有特色和优势的产业区发展，需要着重加快高新技术在整个产业链中的应用与渗透，如信息技术和绿色制造等。同时，应加快建设农业产业、生产和经营体系，让农业发展从"增产导向"向"提质导向"转变，切实提高全要素生产率和农业发展的质量及效益。此外，还要全面培育"现代农业＋"的新型创新发展业态，同时建立健全有利于城乡融合发展的体制机制和政策体系，推动现代科技进入农村，使农业产品走向城市，激发和挖掘农村经济高质量发展的潜力。

二、生态宜居

乡村振兴的核心在于创造"生态适宜"的环境。习近平总书记在有关乡村振兴的重要论述中，强调了"生态宜居"的重要性，并将其作为总体要求之一。这也凸显了生态振兴对于乡村振兴至关重要的意义。当前，中国农村与农业的发展面临着人类活动与自然环境、社会经济系统与自然生态系统之间的矛盾日益加剧的问题，因此，在乡村振兴的各个方面，需要全面融入生态文明建设，努力实现人与自然的和谐共处。人们需要与自然和谐共存，并享有安稳愉快的生活。

（一）生态技术化和技术生态化，实现可持续发展

尽管科技的发展让人们对自然界的改造能力显著提升，但是过度的科技使用也使自然灾害和生态灾难不断增多。因而，如何科学地运用技术是人类寻求人与自然和谐发展的一个重要问题。

我们需要仔细思考如何处理与乡村振兴相关的技术问题，以更加明智的方式选择适用的科技，促进并支持农业技术的创新，积极开展农业生态化技术的推广和发展。生态化技术是一种综合考虑人类对自然的依赖和责任的技术，旨在实现可持续发展。在生态化的技术中，不仅仅是简单地将科学技术与生态学相结合，更是通过融合生态化的思维和意识，将生态保护的理念和属性赋予技术的创新和发展。通过将生态保护理念渗透到农业技术的具体发展中，农业生态化技术以维护社会多数人的利益和促进生态环境的可持续发展为原则，并从其应用的初期就开始发挥作用。同时，我们需要改变技术使用的评价标准和目标结果的视角，从过去只考虑"人—社会"的利益，逐步转向考虑"人—社会—自然"的利益，以实现农业科技的可持续发展，既能促进人类社会的经济增长，同时也能为自然生态环境的保护和建设做出贡献。

（二）确立生态系统整体性循环思维，实现人与自然环境协调发展

我们需要运用创新的思维模式，来推动生态文明和乡村振兴的建设工作。随着生态文明时代的到来，人类的思维方式应该更加注重整体性循环思维，相比于仅仅关注分析性线性思维，这种方式更为重要。人类对世界的认知限制了人类改变世界的能力。当人类认为某种物质没有价值时，可能只是由于科学技术水平或其他认知水平的限制。这导致了这种物质的价值被忽视。然而，人类不得不直面自然资源的有限性和不可再生性的现实。因此，我们需要尽可能地利用和保护自然资源和生态资源，以最大限度地减少经济社会发展对环境的危害和影响。因此，我们在推进乡村振兴的实践中，需要采用一种生态系统整体性的循环思维模式。这意味着我们要将自然界视为一个完整的整体，人类应该将自己视为自然界中的一部分，与其他物质平等相待。我们应该对自然界中的每一个生命和物质都心存珍惜。最终需要建立起在农业发展和农村建设中，资源利用与废弃物产出之间的良好平衡关系。这样可以实现人与自然之间各物质的良性互动，让它们共存共荣、和谐相处，充分发挥自然资源在农业和农村建设中的价值，从而全面提升乡村的生态环境品质。

（三）转变乡村生产生活方式，实现绿色发展

随着农业资源环境问题日益凸显，公众对于美好环境和高品质农产品的需求

日益增加。因此，我们需要积极推动推进农村生产方式和生活方式的转型，以符合生态伦理的实践活动。

生产方式是在物质生产过程中，物质谋求的方式和社会经济活动方式相互作用的结果。与传统的乡村生产方式不同，绿色化的乡村生产方式是人们在思维观念和实际行动上提高了社会经济发展和物质生产的基本问题的一种改进。要将乡村社会经济发展的绿色化转变置于自然生态系统的整体框架下，充分认识到自然界的工具性与价值性是相辅相成的。实质上，这个观点强调了保护生态环境和发展生产力的密不可分的关系，即保护环境就是保障生产能力，改善环境就是促进生产力的发展。

生活方式包括了人们的各种日常活动和行为习惯，它是人们怎样生活及如何过好生活的体现。将绿色发展理念融入生活方式中意味着要尊重自然、珍惜生命，并追求人与自然、社会和谐共生的理念。这将使我们的行为方式和习惯发生改变，使我们的日常活动和行为更加节约、低碳绿色、文明健康，满足我们生活需求的同时也减少对环境的负面影响。

在乡村生活中，应该促进农民抛弃物质主义价值观念，转而倡导重视知识、智慧等非物质价值观的养成。这种生活方式更贴近人类天性，更符合自然法则，为我们带来更高质量的生活体验。这是乡村振兴所倡导的生态伦理实践的有效途径。

三、乡风文明

"乡风文明"是乡村振兴的保障。促进农村振兴必须兼顾物质生活和精神生活的发展，不仅需要致力于发展农业、加强经济基础建设，也要注重激发文化创新、振兴农村文化，让农村文化蓬勃发展和繁荣兴盛。

（一）大力倡导健康文化

文化是一个国家、一个民族的灵魂。精神文明建设同样也是乡村振兴的关键。当前，随着乡村经济发展和人民生活水平的日益提高，精神文化的匮乏已经日益凸显。这就需要政府大力引导积极健康向上的文化，积极宣传，加强引导，让健康的文化传播起来，让乡风民风更加淳正，让文化建设也同样满足人民群众日益增长的精神需求。

（二）加大力度投资文化建设，完善文化基础设施

人民的思想解放了，对精神文化生活有了更大、更强烈的需求，这就需要政府加大文化基础设施建设的投资力度，进一步整合资源，进一步完善文化基础配套设施，让渴求文化生活的群众得到满足。通过建设广场、搭建戏台、建立书屋、购置书籍、普及网络等，让新建的广场活跃起来，让农家书屋也出现"琅琅读书声"，让闲暇之余的村民能够上网、下棋、看电影。

拓展推广农村文化长廊、党建宣传文化墙等，争取"一村组一广场一长廊，每户一面党建宣传文化墙"，加强农村精神文明建设。在加快乡村振兴战略的推进过程中，应特别关注提升农民对与此相关的政策和重要性的了解程度，鼓励他们拥有更强的责任感和参与意识，吸引更多的农民参与到乡村振兴的建设中去。

（三）着力树立乡村文化品牌，弘扬民俗文化精髓

"看得见山，望得见水，记得住乡愁。"乡村文化品牌是乡村振兴最亮丽的名片。乡村文化品牌往往来源于丰富的民俗文化和红色文化。要建立具有鲜明特色的文化品牌，就要立足于当地实际，整合自然、文化、产业资源，将民俗文化与环境特色、人文景观、革命历史等进行有机融合，建设特色小镇、网红民宿、农家旅游、革命文化馆等。在乡村文明根基上，汲取城市文明和外来文化的优秀成果，并在保护传承的基础上进行了创造性转化和创新性发展，不断丰富表现形式，赋予其更多时代内涵，使其成为增强文化自信的高质量平台。

四、治理有效

"治理有效"是乡村振兴的基础。加强乡村治理具有推进国家治理体系和治理能力现代化的重要意义。

（一）切实强化农村基层党组织领导核心地位

农村基层党组织作为农村各组织和工作的领导核心，其领导核心和战斗堡垒作用不会随农村社会结构的变化和经济社会组织的成长而动摇和削弱。展现农村基层党组织领导核心作用，要从思想和实践两个方面共同发力，即在思想上坚定重视，在实践中努力探索方法和路径。主要体现在如下几点：一是实施更加有力的政治作用，提高组织效能，紧紧掌握中国特色社会主义发展方向，推动党的方

针政策在农村真正贯彻，坚决打击各种不良风气；二是真正提高服务水平，加强基层服务型党组织的建设，以更好地服务改革、促进发展、改善民生、服务群众和服务党员；三是加强对村级各组织的领导，要有责任感和积极性，引导其他组织自觉服从党的领导，支持他们合规运作，促进健康发展；四是加强在农村地区的党组织工作，包括在全面、有效地覆盖农村地区上下更多的努力，调整和优化基层党组织布局，及时跟进农村经济社会发展变化，积极推动在农业企业、农民合作社和农业社会化服务组织等场所建立党组织，同时也要加强在农民工居住区建立党员组织的力度；五是扩大党组织和党的工作在农村地区的影响范围。

（二）选好用好管好农村基层党组织带头人

农村是否富裕，取决于基层党支部的作用。农村的发展与否，取决于"领跑者"的表现。许多实例都证明了，一个优秀的农村基层党组织的成功，通常归功于一个优秀书记的领导。一个农村基层党组织要想提升，往往在拥有优秀书记方面面临挑战。随着农民进城务工和年轻人、人才从农村外流，选任村党组织书记的难度成为各地亟需应对的问题。致力于强化农村基层党组织书记培养，解决由于"人才缺乏、竞争不足"而引发的问题。应通过投入大量精力和努力，积极挖掘和利用资源，从村里的致富能手、外出务工的具有创业经验的人、复员退伍军人、退休干部和乡村医生、教师等群体中发掘优秀人才，并关注选拔优秀大学生加入到村级班子里，以增强村级后备干部队伍的储备和实力。我们必须重视党性强、作风优良的重要性，而不应仅基于表面的技能、财富或领导地位来进行简单粗暴的选拔。同时，还要将重点放在加强教育培训工作上。除了加强学习习近平新时代中国特色社会主义思想之外，还要深入开展有关方针政策、形势任务、法律法规以及群众工作和领导方法等领域的专题培训，以提高领导水平和工作能力。

（三）"三治"相结合构建乡村治理机制

如果治理农村得当，百姓生活安定，那么整个国家就会稳定。乡村治理是国家治理体系中不可或缺的基础性工作，是不能忽视的紧要议题，需要着重解决。在保障治理有效的前提下，实现乡村振兴是必要的。通过进一步推进村民自治措施，促进农民合作经济组织的发展，建设具备党委领导、政府负责、社会协作、公众参与和法治保障的现代乡村社会治理机制，以确保乡村社会发展活力十足、秩序井然。要坚守自治为基础的原则，注重建设具备群众性的农村自治组织，完善并创新由村党组织领导的活跃的村民自治机制，同时有效利用自治章程和村规民约来提升其积极作用。通过设立健全的村务监督委员会，并运用村民会议、村民代表会议、村民议事会、村民理事会、村民监事会等形式，打造多层次的基层协商机制，实现民主协商、自主管理和民间监督。通过创造性地改善基层管理机制，将公共服务和行政审批职责整合并进行优化，进而建设综合服务平台，实现"一门式办理"和"一站式服务"的目标。我们应坚定维护法治，建立依法治理思想，加强法律在保护农民权益、规范市场运行、支持和保护农业、治理生态环境、协调解决农村社会矛盾等方面的权威和作用。同时，还要加强扫黑除恶专项行动，坚决打击农村黑恶势力、村级犯罪团伙、宗族恶势力以及涉及黄色、赌博、毒品、盗窃和拐卖等违法犯罪行为。要保持严格管理态度，完善并执行村干部"小额权力清单"、24小时值班、为民代劳的服务、经济责任审计等制度，带着监管责任督促村干部勤勉尽责、廉洁干事。

（四）从严加强农村党员队伍建设

党员在农村扮演着农村工作和基层组织建设的主要角色，是落实党在农村各项方针政策的核心力量。因此，要努力解决队伍老化、青壮年不足等问题。通过实施严格的政治审查制度，严格要求培养过程和程序，加大在"80后""90后"青年农民中招收和培养党员的力度，并积极吸引农村各界人才加入我们党的组织。要总结倡导推广党员评星定级制度以及党员群众培训讲习中心等举措，以提高教育管理的针对性和有效性。要重视党内政治生活，切实贯彻"三会一课"、组织生活会、党性分析、民主评议党员等基本制度，加强政治、时代、原则和战斗性，避免敷衍了事、平庸无味和低俗化现象，真正发挥提高党员素质的教育和改造作用。通过充分利用现代信息技术，有针对性地处理流动党员管理方面的困难，以提高党员教育管理服务的信息化和精确水平。还要审慎地处理不合格党员问题，以保障农村党员队伍的先进性和廉洁性。要加强对农村老党员、老干部、老模范的照顾和支援，向他们传递组织的关爱。

（五）加大基层基础保障力度

除了金钱的因素，投入问题还涉及政治方面，因此将资金用于巩固党的执政地位，可以说是资金的精准使用。必须专注于解决以下问题：基层工作力量不足、基层组织经费不足、基层干部报酬待遇不合理以及缺乏完善的场所和服务设施。要致力于鼓励更多人参与基层工作，增加对基层投入的资金和政策资源。制定农村基层党建责任清单，规定党委承担主体责任、书记担负第一责任，相关部门负有直接责任，确保所有人都承担责任、担当义务。县级党委要发挥"一线指挥部"作用，全面落实组织实施任务。乡、村党组织必须负起责任，尽职尽责，保持对本地区的扎实掌控，而非丢下"责任田"不管。要建立稳定的经费投入机制，以财政资金为主，保障村级组织活动场所和服务设施的完善，做到规划先行，建设管理得当，让它成为服务党员群众的主要场所。要完善考核评价体系，以述职评议考核为重点，通过逐级升级的压力传导体系，促使责任更加明确落实，进一步推动基层党建工作责任的落地实效。

如果组织壮大起来，那么乡村就会繁荣昌盛。乡村的发展程度与其所属的组织实力息息相关。只要始终秉持习近平新时代中国特色社会主义思想，持续提升和强化组织、队伍、活动、制度和保障等五个方面，村级组织必能达成振兴目标，并为乡村全面振兴提供坚实可靠的政治支撑。需要积极引导农民群众，发挥他们的积极性和主动性，在新的时代背景下，坚持发出主旋律，真正促进乡村邻里和睦融洽，建立现代乡村社会治理体系，从而保障乡村社会健康稳定发展。

五、生活富裕

乡村振兴的本质在于让人们过上富裕的生活，这是实现全民共同富裕的必要条件和当前阶段的关键形式。

（一）加强乡村基础设施及人居环境建设，补齐增收短板

乡村基础设施对于促进乡村经济社会发展、改善农民生产生活条件至关重要。因此，加强乡村基础设施建设是一项耗时耗力、历史使命重大的长期任务。为了推进乡村基础设施建设，必须跟随农村经济社会发展的趋势，采用规划优先的原则，充分利用规划的统筹指导作用。考虑到我国未来工业化、城市化和农村劳动力迅速流动所带来的影响，需要充分思考如何调整乡村规划、居住方式和基础设

施布局。我们需要在尽力推进公共服务进入农村的同时，也注重实际可行性，充分考虑当地经济和居民压力，避免给农民增加负担或让乡村负债加重。我们需要把重点放在建设生产和生活设施上，特别是满足农民迫切需要的设施。同时，也需要加强农业综合生产能力建设，以促进农业的持续稳定发展和农民收入的持续增长。必须确保新乡村建设不会变成简单的村庄建设。需要建立乡村人居环境治理的长期机制，其中包括修建乡村道路、实施垃圾和污水处理、建设卫生厕所以及进行绿化管护等措施。

（二）均衡公共服务资源，提升农民生产生活水平

生活富裕不仅仅是指物质财富丰裕，还意味着农民能够享受到公正、平等的医疗和教育资源。近年来，我们能够明显地感受到农村的教育和医疗水平有了显著的进步。农村学校的办学条件和教师队伍得到了极大的改善。不少乡村在东部沿海发达地区已经开始建设"15分钟健康服务圈"。虽然农村教育和医疗水平有所提高，但与农民的生产、生活需求以及追求更好生活的期望相比，仍存在较大的差距。这表明，为了鼓励农民追求更加富足的生活，需要继续强化农村义务教育的发展，积极探索并执行健康乡村战略，促进城乡教育医疗融合发展，并全面提升农民的生产和生活水平。

（三）加强精神文明建设，提升乡村生活品质

丰富的生活不仅仅取决于财富，还包括智慧财富的积累。随着时代的发展，农民对生活的需求已经超越了基本温饱，而是更加注重饮食多样性、食品安全与健康。除了拥有宽敞明亮的住所之外，还需要拥有丰盈充实的精神文化生活。因此，在推进乡村振兴过程中，必须面对和解决一些地区农村公共文化萎缩的事实。通过发掘优秀的民间传统文化、培育村民文艺骨干、加大对农村公共文化设施的投资，并且推动"文化下乡"运动的开展，不断改进农村公共文化服务，为村民提供更加丰富、优质的文化生活，让他们真正理解生活富足的内涵和价值。

必须牢牢抓住就业增收这个农民群众最关心、最直接、最现实的利益问题。要以确保国家粮食安全为底线，根据地区资源禀赋条件，因地制宜，融合多个产业、多种要素、多方主体、多维支持，发展高效特色农业产业，挖掘乡村特色产业，重视对其资源的开发和利用，不断扩大周边市场，不断接受周边城市的经济扩散

效应，吸引劳动力的流入，从而提高农村生产力水平和农业生产效率，增加农民收入，拓宽实现乡村生活富裕渠道。

第四节　乡村振兴的理论基础

乡村振兴的内涵包含城乡融合、农业发展等理念。分析并梳理国内外相关理论，乡村振兴的基础理论体系应由三个方面构成：一是城乡联系相关理论；二是农业发展理论；三是习近平关于"三农"工作的重要论述。这些理论共同构成乡村振兴的理论支撑体系，为乡村振兴的研究和实践提供了理论依据。

一、城乡联系相关理论

乡村不是孤立、单独的存在，它作为城市发展的腹地进而与其建立起密不可分的联系，通过资源、人口、技术、观念等诸多要素的交流，形成一定的区域空间。乡村振兴就是城乡差距逐步缩小、实现城乡地域系统均衡有序发展的过程。城乡联系的有关理论较多，为了研究方便，分成如下几种类型来讨论。

（一）城乡发展阶段论

马克思主义政治经济学探究城乡关系的内在联系，重点在于从历史的角度分析城乡发展的过程。根据他们的观点，城乡分离是由分工引起的，"物质劳动和精神劳动的最大的一次分工，就是城市和乡村的分离，城乡之间的对立是随着野蛮向文明过渡、部落制度向国家过渡、地方局限性向民族过渡开始的，它贯穿着全部文明的历史并一直延续到现在"。[1] 城市本身表明了人口、生产工具、资本、享乐和需求的集中，而在乡村里所看到的却是完全相反的情况：孤立和分散。[2] 社会的分工使得城乡之间产生了巨大的差距，长期以来，这种差距导致了社会资源向城市的集中，这种集中不仅仅体现在城市的经济和政治方面，也体现在城乡联系体系的各个方面，这可以看作是社会发展的一种体现。这一观点认为，在私有制的情况下，这种城乡矛盾无法得到解决，认为只有在公有制的条件下，才能

---

[1]　林文益. 马克思恩格斯论城市发展与市场、流通、商业的关系 [J]. 北京商学院学报，1993（02）：1-6.

[2]　刘金祥. 城市文明与精神气质 [J]. 书屋，2012（10）：10-15.

实现农业和工业的结合,促进城乡之间的对立逐步消失,最终实现城乡一体化的目标。乡村振兴正是立足于国家发展全局,促进工业和农业、城市和乡村融合,通过整体规划、体制改革和政策调整等手段,实现共同富裕的目标。

(二)非均衡增长理论与城市中心论

法国经济学家佩鲁的增长极理论以及瑞典经济学家缪尔达尔的累积因果理论都认为区域经济增长存在不均衡的规律,且指出核心城市与周边地区的联系主要通过资源要素的"自上而下"流动来实现,强调了城市在区域经济中的主导作用。以往我国的城乡发展政策往往带有"城市中心论"的烙印,但随着城镇化的推进,农业生产要素非农化、农民社会主体弱化、农村水土环境恶化等问题日益突出。实践证明,以不均衡增长理论为依据制定的政策方针并不能从根本上解决我国"三农"问题。然而,该理论能更好地阐释当前乡村发展存在的问题,以及城乡融合发展格局、过程和演变趋势。

1. 佩鲁增长极理论

佩鲁的增长极来源于对极化空间概念的推导。这种极化空间包括引力中心及其影响范围,然而这里的中心和影响范围与城市和乡村不同,更类似于电荷和电场之间的关系。佩鲁指出,在极化的空间中,存在着非常有生命力的运动单元,"增长极理论与含有活动单元的经济空间理论是一致的,因为活动单元可以创造自己的决策和操作空间,建立具有推进效应的中心,并推动整个经济多维的发展",这种运动单元增长速度更快,具有更强的推动能力。这个活动单元可被归为佩鲁所谓的增长极,也就是推动其他产业发展的产业,受它影响的其他产业为被推进型产业。佩鲁主张,将推动型产业与受推动型产业形成一种非竞争性的联合,以带动当地区域的发展。在佩鲁的增长极理论中,重点强调了选择恰当的引擎(增长极),以及在产业投入产出链上的合理配置。增长极通过前后向的生产联系,将自身的发展势头传递给外部部门,从而带动了大量产业的繁荣发展。

2. 累积因果理论

根据缪尔达尔的观点,对于研究发展中国家地区发展问题,应当采取动态非均衡和结构主义分析方法。他的观点是,市场力的影响通常会倾向于加剧不同地区之间的失衡,导致某些地区发展速度更快,而其他地区则相对缓慢。如果某些地区一开始就处于优势地位,那么他们将会一直保持这种发展优势。因此,发快的地区愈快，发展慢的地区愈慢，这是循环累积的因果关系。这种原理的影响导致了"地理二元经济结构"的出现。

缪尔达尔通过循环累积因果关系的解释，探讨了如何消除"地理上二元经济"的问题。他指出，循环累积因果关系会带来两种经济效应：其一是回波效应，即受到收益差异影响的生产要素（如劳动力、资金、技术等）会从落后地区流动到发达地区。回波效应会加剧地区间发展差距。其二是回波效应的影响并不是毫无节制的。随着发达地区的发展达到一定水平，人口密集、交通堵塞、污染严重、资本过剩、自然资源相对匮乏等因素导致了成本上升，外部经济效益逐渐减少，进而减缓了经济增长的势头。随着发达地区生产规模的进一步扩大，成本将不断增加，资本、劳动力和技术也会自然地向落后地区扩散。这个过程被缪尔达尔称为扩散效应。在发展中落后的地区可以通过扩散效应获得发展机会。缪尔达尔认为，即使发达地区的经济增长减缓，社会仍会对不发达地区的产品增加需求，从而激励这些地区的经济发展。这将导致落后地区与发达地区之间的差距缩小。

（三）城乡联系新理论

英国经济学家科布纳基（Corbridge）指出，城乡联系并非孤立的现象，而可能是如阶级关系、政治制度等社会基本结构的作用结果所致。他观点是，城乡关系只是其他社会进程的附带结果，比如城市化。所以，他认为"城市偏向"的症结，在于食品价格低廉，以及其他不利于农村的价格政策。此外，城市工业投资战略偏向也导致了乡村技术的缺乏，以及农村地区基础设施如医疗和教育的滞后。但他也对利普顿的"城市偏向"提出了批评，认为利普顿把依赖其他因素的现象夸大到了城乡政治的对立上。他的看法是，由于利普顿没有深入到社会结构的变化中去探讨城乡联系的本质问题，因此尽管他对城乡联系做出了精辟深入的阐述，却未能对导致城乡联系不平衡的根本原因做出令人满意的解释。

美国学者朗迪勒里（Rondinelli）认为，城市的规模等级是决定发展政策成功与否的关键。不同于那些主张以农村为基础、自下而上的发展的学者，他认为任何精心设计的农村发展目标，如果与城市割开，完全采取自下而上的发展战略是不切实际的。他强调城乡联系的极端重要性，认为农业剩余产品的市场在城市，大部分的农业投入由城市机构提供，因农业生产率提高而释放出来的农村劳动力需要寻找就业机会，许多社会、医疗、教育等服务设施也都由城市提供。因此，他认为发展中国家政府要获得社会和区域两方面的全面发展，他们的投资在地理上应为分散的。这要求有一个完整、分散的城镇体系，以给整个国家或地区的人们提供进入市场、获得各种服务的机会。也有学者持相反的观点，他们认为，自下而上的发展是以各地的自然、人文和制度资源的最大利用为基础，以满足当地居民的基本需求为首要目标的发展，它直接面对贫困问题，应由下面来发起和控制。这种发展一般以农村为中心，规模小，并以适宜技术的采用为基础。

二、农业发展相关理论

（一）农业经济理论

1.农业区位论

1826年，德国经济学家冯·杜能（J.H.von Thunen）在其所著的《关于农业和国民经济的孤立国》一书中提出了农业区位理论。他从区域地租出发阐明了因地价不同而引起的农业分带现象，着重强调了农产品产地到市场距离这一因素对土地利用类型产生的影响，他把假设的孤立国由近到远划分为六个同心农业圈：自由式农业圈、林业圈、轮作式农业圈、谷草式农业圈、三圃式农业圈、畜牧业圈。

事实上，目前许多大城市周边的农业生产布局仍可以找到杜能"农业圈"的影子，如近郊的蔬菜、奶蛋等鲜活农产品，远郊的粮食、畜牧、林业等。在进行农业发展研究时，首先要分析农业发展的区位条件，在经典区位论的指导下，可以综合、全面地分析农业发展的自然、地理、经济、交通、空间、文化、社会等区位条件，因地制宜推进乡村发展。

2.农业区域分工理论

区域分工一方面表现为生产力"超优分布"规律作用下的地区生产专业化，即各地区专门生产某种产品或某一类产品，甚至是产品的某一部分。另一方面，区域分工通过区际交换来实现专业化部门生产的产品价值，满足自身对本区不生产产品的需求，从而扩大区域生产能力，增进区域利益。现代经济社会的发展，劳动分工越来越细，参与分工的地域受时间距离的缩短而越来越广，如何在激烈的市场竞争中占有一席之地，专业化、更加细致和科学的分工是社会经济活动发展的必然趋势。

农业区域分工是现代农业发展的重要内容，以各地资源禀赋和独特的历史文化为基础，有序开发优势特色资源，做大做强优势特色产业，都是基于充分的自我条件分析和长远的市场预测和定位，"一乡一业、一村一品"是现代农业区域分工的必然趋势，对现代农业的发展有着较强的理论和实践意义。

3. 农业产业结构理论

农业产业结构主要包括两方面内容：一是农业内部各产业经济活动之间的相互联系和比例关系；二是农业与其他涉农产业的相互联系和比例关系。传统农业向现代农业转变的主要标志之一就在于农业产业结构的调整和升级。

农业产业结构受农产品需求结构、农业科技创新、农产品贸易、农业区域政策等因素的影响。随着国民生活水平的提高，人们的食品需求和消费结构发生变化，表现为种植业比例的下降，畜牧业和渔业的比重上升，粮食作物的比例下降，经济作物、水果蔬菜等比例上升，农业提供农产品的单一需求转变为休闲、教育、社会、生态等多种需求。随着工商业和服务业的发展，农业必须提高加工水平，加大农产品的附加值，才能适应工商业和服务的需要；此外，耕作与栽培技术、农业机械化水平、化工和材料技术进步、农业信息化和物流业的发展，也对农产品结构的演变产生革命性的影响。

（二）农业发展理论

1. 农业发展阶段理论

农业发展阶段的研究，以美国学者舒尔茨（Theodore W.Schultz）、约翰·梅勒（John W.Mellor）和韦茨（Weitz）为代表。舒尔茨认为，发展中国家的经济成长，有赖于农业的迅速稳定增长，而传统农业不具备迅速稳定增长的能力，出路在于把传统农业改造为现代农业，即实现农业现代化。约翰·梅勒于1966年提出"梅勒农业发展阶段论"。该理论把农业发展划分为三个阶段：传统农业阶段、低资本技术农业阶段、高资本技术农业阶段。1971年，韦茨根据美国农业发展的历程，提出"韦茨农业发展阶段论"，把农业发展划分为三个阶段：持续生存农业阶段、混合农业阶段和现代化商品农业阶段。

在对农业发展阶段的研究过程中，我们不仅能准确地了解农业发展的现状，还能够了解不同发展阶段农业部门的特点和特征。这样的研究可以帮助我们更清楚地认识农业在整个国民经济发展中的地位，以及农业与其他产业部门的互动关系。可以以此为依据，制定合适的经济发展战略和农业政策。当前，我国正处在一个历史阶段，即完成传统农业向现代农业的转型。需要正视这一事实，以此为基础结合西方发达国家的相关理论，来更好地指导我国农业实践的发展。

2. 农业多功能性理论

农业多功能性研究源于日本稻米文化。为了保护和传承"稻米文化"，日本于20世纪80年代末提出农业多功能性问题。1992年通过的《联合国21世纪议程》，在其第14章《促进可持续的农业和农村发展》第4条中提出了"农业的多功能"概念。农业多功能化是指农业功能多样化，就是在农业为社会提供粮食和原料基本职能的基础上，不断拓展出文化、环境、社会等延伸功能，即农业不仅具有基本的经济、保障功能，而且还具有生态保护、观光休闲、文化传承等多重目标和功能。

现代农业的基本特征之一就是实现了乡村的多功能性。乡村是一个涵盖自然、社会和经济特征的地域综合体，它同时承担着生产、生活、生态、文化等多种重要职能。现代农业有一个多元的目标，不是单一的。这一特点帮助我们认识到了农业发展的多种可能性，同时也为我们改造传统农业提供了更多的思路。因此，生态农业、都市农业、休闲农业、循环农业等现代农业模式应运而生。

（三）农业生态理论

1. 生态适宜性理论

在特定生态环境下，不同生物群落的生存空间大小和适宜程度是有差异的，这就是生态适宜性的概念。所有生物的发育和成长都会受到周围生态环境的影响和限制，并只能在一定环境梯度范围内生活。生物群落和自然系统的适应性就是它们对环境条件的适应程度，包括对气候、土壤和水分等因素的适应能力。然而，对于一些半人工或人工生态系统，还需要考虑其经济、技术和社会文化方面的适宜性。在现代化农业中，"因地制宜、因时制宜"体现了生态适宜性的基本原则。每个区域都有最适宜的特色乡土产品，这种适宜性是在综合条件的长期作用下形成的，大部分是无法替代或效仿的。因此，在进行农业生产力布局时，一定要充分考虑本地的生态适宜性是否具有适合的生存空间和发展条件，否则会本末倒置。

2. 环境承载力理论

环境承载力指的是区域环境系统在一定时间段、状态或条件下，能够在不破坏环境结构和功能的前提下，承受并支持人类社会各种经济活动的能力。简言之，它表示了区域环境对人类社会可持续发展的支持能力。环境的容纳能力受到一定的限制，在一定的条件下保持相对稳定，但随着时间的推移和环境条件的变化，会发生相应的变化，随之具有调节作用。

现代农业的发展必须充分考虑环境承载能力，这是一个重要的生态指标，可以有效约束过度开发。因为自然资源和环境的有限性，任何事物的发展都应该有一定的适度规模，这也应作为制定现代化农业目标时必须考虑的问题。环境承载力理论为现代农业规划和社会经济发展提供了确定适宜社会经济发展规模的依据。这可以确保规划的客观性和合理性，从而实现资源环境与社会经济发展之间的协调发展。

3. 循环农业理论

"循环农业"一词来源于"循环经济"，理论渊源是美国经济学家波尔丁（Kenneth E.Boulding）提出的"宇宙飞船"理论。循环经济的基本原则是"3R"原则，即减量化（reduce）、再利用（reuse）和再循环（recycle）。循环农业是循环经济在农业中的应用，循环农业在农业资源投入、生产、产品消费、废弃物处理的全过程中，把传统的依赖农业资源消耗的线性增长经济体系，转换为依靠农业资源循环发展的经济体系，倡导的是一种与资源、环境和谐的经济发展模式，其理论基础是农业生态学和农业经济学。循环农业与生态农业、立体农业、复合农业有相似之处，其思路和方法值得重视和应用。循环农业强调节约资源、减少污染、节能减排、内涵式发展，提倡提高资源利用率，延伸产业链，提高农业生产效率。资源的有限性、生态环境的脆弱性、经济增长的局限性，使我们在外延发展的同时，应更加重视内涵，在追求经济总量的同时，将质量和效率不断提升，改造传统农业粗放式的发展模式，提高水、光、土地、化肥等利用率，减少农业污染排放，促进农业各子系统的循环与高效利用。

三、习近平关于"三农"工作的重要论述

（一）关于"三农"问题的论述

当前，实施乡村振兴战略已凝聚成全党全社会的共识。在党的十九大报告中，

习近平同志首次提出实施乡村振兴战略，指出"农业农村农民问题是关系国计民生的根本性问题，必须始终把解决好'三农'问题作为全党工作重中之重"，强调要坚持农业农村优先发展，按照产业兴旺、生态宜居、乡风文明、治理有效、生活富裕的总要求，加快推进农业农村现代化。"三农"问题在我国具有特殊的历史和现实意义。在不同的历史时期，如果能处理好"三农"问题，我们的事业就会顺利推进，社会主义现代化建设就会取得长足发展，如果不能正确处理"三农"问题，我们的事业就会遭受挫折。在"三农"工作的重要性方面，习近平总书记提出，"三农"问题始终是贯穿我国现代化建设和实现中华民族伟大复兴进程中的基本问题，"我们必须坚持把解决好'三农'问题作为全党工作重中之重，始终把'三农'工作牢牢抓住、紧紧抓好"；"把解决好'三农'问题作为全党工作重中之重，是我们党执政兴国的重要经验，必须长期坚持、毫不动摇"。这是从根本上清晰地阐述了"三农"工作在经济社会发展全局工作中的明确定位，那就是"三农"问题是中国未来发展和实现百年发展目标中无论如何也绕不过去的重大问题和战略性问题。在新时期，"三农"工作的重要抓手就是实施乡村振兴战略，这实际上是在提醒我们，由于中国的特殊国情和未来二三十年发展的阶段性特征，在我国的现代化进程中绝不能忽视农业、忽视农村、忽视农民。在实现现代化强国的目标过程中，必须下更大气力解决好"三农"问题，必须通过实施乡村振兴战略这样的重大举措来推动农业全面升级、农村全面进步、农民全面发展。让中国农业的发展更加高效、持续、健康，农村与城市更加协调，农村社会更加稳定、繁荣、和谐，农民能够更深入地参与到中国的经济发展中来，更多地分享经济社会发展成果，实现更多的获得感。

（二）关于"为什么要振兴乡村"的论述

党的十九大之后，习近平总书记又就实施乡村振兴战略做出了一系列重要论述。在 2017 年底召开的中央农村工作会议上，系统阐述了实施乡村振兴战略的重大意义和深刻内涵，明确了走中国特色社会主义乡村振兴道路的核心要义，即重塑城乡关系，走城乡融合发展之路、巩固和完善农村基本经营制度，走共同富裕之路、深化农业供给侧结构性改革，走质量兴农之路、坚持人与自然和谐共生，走乡村绿色发展之路、传承发展提升农耕文明，走乡村文化兴盛之路、创新乡村治理体系，走乡村善治之路。2018 年全国"两会"期间，习近平总书记在参加内蒙古、山东等代表团审议时，反复强调实施乡村振兴战略是一篇大文章，要统筹谋划，科学推进，推动乡村产业振兴、人才振兴、文化振兴、生态振兴、组织振兴，推动乡村振兴健康发展。2018年4月底，习近平总书记在湖北考察时明确指出，要加快构建现代农业产业体系、生产体系、经营体系，把政府主导和农民主体有机统一起来，充分尊重农民意愿，激发农民内在活力，教育引导广大农民用自己的辛勤劳动实现乡村振兴。

（三）关于"怎样振兴乡村"的论述

从实施乡村振兴战略到实现乡村振兴是个渐进的过程，要有战略定力。要真正实施好乡村振兴战略，就要统筹考虑城乡之间、农村内部的关联，妥善处理好"两个协调"的重大关系：一是城镇和乡村之间的发展协调问题，二是农业农村发展中重大关系的协调问题。习近平总书记多次用了"两个历史耐心"，对如何处理好这两个关系做了明确阐述。城乡协调发展的关系方面，他指出，"在人口城镇化问题上，我们要有足够的历史耐心。世界各国解决这个问题都用了相当长的时间。但不论他们在农村还是在城市，该提供的公共服务都要切实提供，该保障的权益都要切实保障"。在乡村内部的协调发展方面，他强调，"农村土地承包关系要保持稳定，农民的土地不要随便动。农民失去土地，如果在城镇待不住，就容易引发大问题。这在历史上是有过深刻教训的。这是大历史，不是一时一刻可以看明白的。在这个问题上，我们要有足够的历史耐心"。这"两个历史耐心"实际上讲的是一个问题的两个方面，即在实施乡村振兴战略的过程中如何处理好农民和土地的关系，真正实现土地的规模经营，真正实现农业的现代化，真正实现人口的城镇化，是需要时间和条件的，这些牵涉中国农业农村的根本性问题，要从大历史观的角度加以认识，并在城市产业发展、社会保障覆盖、农村劳动力有效转移等条件逐步成熟后，才真正有可能解决中国的"三农"问题。如果只谈结果，不考虑这些问题持续的时间和条件，在振兴乡村的过程中就非常容易出问题。

习近平总书记关于乡村振兴的重要论述，科学回答了为什么要振兴乡村、怎样振兴乡村等一系列重大认识问题和实践问题，是我们党"三农"工作理论创新的最新成果，是指导当前和今后一段时期中国"三农"工作的重要理论和政策依据，为新时代"三农"工作提供了根本遵循和行动指南。在习近平总书记有关"三农"重要论述的指导下，我国实施乡村振兴战略就有了强大的思想保证和坚实的理论基础，乡村振兴战略一定能够得到全面贯彻、扎实推进，取得实效。

第五节　乡村振兴的建设与发展

一、乡村振兴的体系建设

（一）乡村经济建设

全面推动乡村地区经济发展，既是乡村振兴的需要，也是乡村振兴的基础。乡村地区经济建设一方面是满足人民生活水平不断提高对农产品的需求；另一方面是满足农业生产者收入不断提高的需要。乡村经济建设要以农业供给侧结构性改革为指导思想，以市场经济为基础，依托制度创新、组织创新和技术创新来进行。深化农村土地产权制度改革和农业经营制度改革，大力实施农业生产组织创新，推动第一、第二、第三产业融合发展，充分利用分子生物技术和物联网等新技术，改造传统农业生产方式，提高农业生产率和竞争力。

1.深化农业供给侧结构性改革

（1）农业供给侧结构性改革的核心

农业供给侧结构性改革就是要从供给入手转变农业的发展方式，改善供给结构。该种改革的主旨在于，通过农业自我调整生产，以满足消费者对数量和质量的需求，并实现产地和消费地之间的完美衔接。换一种说法可以这样表达：通过改革措施来优化供给结构，减少低效和无用的供应，增加中高端供应，使得供给结构更加灵活，并从整体上提高全要素的生产率，这样能够帮助供给体系更好地适应市场需求的变化。

（2）提高农业供给体系质量与效率

农业供给侧结构性改革需要进一步优化农产品品种结构和区域布局，建设好粮食功能区和主要农产品保护区，巩固国家的粮食安全底线。

一方面要强化扶持引导，建设新型农业经营体系，发挥新型经营主体的凝聚带动作用。以新型经营主体为带动，促进土地规模化经营和农业产业结构调整，大力发展设施农业，不断促进农业增效、农民增收。

另一方面要发挥各地由市场力量和资源禀赋决定的竞争优势，大力发展特色优势农产品生产，使农产品特而专、新而奇、精而美。随着生活水平的提高，人们对食品安全和健康有了新的追求。绿色无污染，由农户自己养殖、种植的畜禽、蔬菜日益受到人们追捧。当前农产品"有没有""够不够"已不是问题，"好不好""优不优"才更受关注。大宗农产品总量过剩，优质农产品供给不足，其实质是农业结构调整跟不上消费升级步伐导致的矛盾，其背后也蕴藏着农业供给侧结构性改革的巨大空间和质量兴农的巨大潜力。

（3）做大做强地方优势的特色产业

农业供给侧结构性改革必须因地制宜，做大做强地方优势特色产业，使具有地方特色的优质农产品。例如，将杂粮杂豆、蔬菜瓜果、茶叶、花卉、食用菌、中药材和特色养殖等提升档次、升级产品、扩大利润空间，努力把地方特色小品种和土特产做成带动农民增收的大产业。

加强对本地优质特色农产品的生产、加工和储存等方面技术的研究和开发，并制定适合当地特色的技术方案。鼓励农业领域普及应用高新技术，如信息技术和绿色制造等，以改善生产领域、运营领域、加工领域、流通领域和服务领域等方面的状况。加大重视独具特色的产品和产业的研发与宣传的力度，并构筑更为完善的销售渠道和运营模式。

提升特色农产品的优势区建设效率，指定园艺产品、畜牧产品、水产品等特色农产品，为其制订相应的计划，以建立具有优势的区域为目标，鼓励各地争相争先。另外，促进资金项目向具有优势和特色产业区域倾斜，以进一步提高其整体竞争力。加强市长对"菜篮子"负责制的评估，同时研究并实施对生鲜农产品的管控。促进城市现代化农业的发展，充分挖掘农业的潜力，以满足日益多样化的需求。

打造粮油、果茶、瓜菜、畜产品和水产品等大宗作物及特色产业品牌，基于优势企业、产业联盟和行业协会，通过精心打造，使这些品牌在区域范围内具备高水平的信誉度和影响力，进而提升市场竞争力。通过教育、学习和经验分享等途径，帮助农民提高对品牌的认知水平，并推动他们在农业品牌建设和管理方面的能力和水平不断提高。另外，积极尝试不同的方式来推广农产品，以促进乡村品牌的宣传和建设。

2.构建新型农业经营体系

现代农业产业体系、生产体系、经营体系，是发展现代农业、特色农业、创汇农业的"三大支柱"。产业体系和生产体系的关键是提升农业生产力水平和生产效率，而经营体系的关键则在于创新农业经营模式。

（1）构建现代农业产业体系

现代农业产业体系是一个综合性系统，它覆盖了食品保障、物资供应、资源利用、环境保护、经济增长、文化延续和市场服务等多个领域，且这个系统具有分层和复杂的特点。通常情况下，想要衡量现代农业的综合素质和竞争力，需要考量其农业产业体系的健全度，该体系的宗旨在于提升农业资源市场分配的效率，以确保农产品供应充足。建立现代农业产业体系，应该着眼于市场需求，充分利用各地区的优质资源，将种植、畜牧和水产资源进行整合，通过有机结合的方式实现高效而综合的农业管理，且要通过优化农业产业结构和调配资源，提高农业资源的利用效率，使其在时间和空间上得到更加高效的利用。要进一步加强实施将粮食储存于土地和技术中的策略，坚决贯彻农田保护政策，全面执行永久性基本农田特别保护制度，维护农田面积的稳定，以守护基本农田的领域范围。确保国家的粮食供应充足，需要加强基础设施建设、优化农作物种植结构，并且加大政策支持力度。

建立现代农业产业体系，需要充分利用当地独有的产业优势。要构建特色产品、核心产品，首先需要关注资源和产品品质的重要性；而要获得竞争优势，则需要考虑提高市场占有率，增强客户信任和品牌影响力，并提高出口能力。为了充分利用各地农村农业资源的潜力，我们需要评估和优化现有的农业产业结构，以发挥它们在产业和资源方面的优势。精心策划生产场地的结构设计，充分优化资源利用。要注重农村产业和环境生态的协调发展，积极采取措施，确保精准界定和有效治理生态保护和耕地保护的红线。此外，要探讨一种独特的行业发展方案，注重发展满足市场需求、可拓展出口、具备完整供应链、互补性强的行业生态系统，并致力于提高产品质量。在考虑各地的主导产业时，应考虑产业的独特性、相互补充性和可持续性发展，以最大限度地减少产业结构上的重复和重叠。同时，要加快建立创新机制，并加强农村职业培训，力求培养一批敢于创业的农业企业家，以推动农业产业的蓬勃发展。

（2）构建现代农业生产体系

构建现代农业生产体系，就是要转变农业要素投入方式，用现代物质装备武装农业，用现代科学技术服务农业，用现代生产方式改造农业，提高农业良种化、机械化、科技化、信息化、标准化水平。大规模推进农村土地整治和高标准农田建设，稳步提升耕地质量。按照"五个集中"原则，以粮食生产功能区和重要农产品保护区为重点，全面加强田、土、水、路、林、电、技的建设和改造，加快构建现代农业生产体系。

（3）构建现代农业经营体系

现代农业经营体系是新型农业经营主体、新型职业农民与农业社会化服务体系的有机组合，是衡量现代农业组织化、社会化、市场化程度的重要标志，主要涉及专业大户、家庭农场、家庭牧场、农民合作社、龙头企业等。当前构建现代农业经营体系要集中解决好一系列问题，如农民要向职业化方向发展、坚持适度规模经营、建立社会化服务体系等。

第一，除了鼓励土地流转，还需提倡适宜规模经营的理念。要着眼于支持培育新兴的农业经营实体和协助小规模农户发展，以满足不同农业经营主体的多方面需求；要积极培育和规范新型农业经营组织形式，例如家庭农场、农民专业合作社、农业产业化龙头企业等，以充分发挥它们在引领示范和促进农户发展方面的作用，进而取得实实在在的效果。努力促进农户实行"种养结合"的经营方式，大力帮助那些扩大规模的种植户发展养殖业，从而有效提高农民的收入水平，同时也要注意改善土地的肥力。为了帮助小规模农业户提高应对风险的能力，相关部门应该提供政策支持，帮助他们升级生产设施，并且要强化科技培训和职业教育，以提高他们的生产水平。另外，要鼓励小规模农业户与现代化农业相结合，以此促进农业现代化的进程。可以尝试探索新的合作模式，例如采用"基地＋农户＋合作社""超市＋合作社""科技公司＋合作社"的方式，以便更全面地推动农业各方的合作。

第二，要培育新型市场经营体系，提升农产品的国内和出口层次。特别是"一带一路"沿线的省区市农村，要把外向发展和经营作为新的战略重点，按照国际农产品市场的需要和特点，打造出口型现代农业高新技术产业园区、出口基地、出口加工区、出口贸易区等。

第三，加快培育农业社会化服务体系。发展服务带动型规模经营，发展农业生产性服务业，培育各类专业化服务组织，推进农业生产全程社会化服务，帮助小农生产节本增效。推动群体发展型规模经营，实施产业兴村强乡行动，促进扶持一村一品、一乡一业发展，引导小农从分散的单打独斗式生产向集中连片的群体化生产转变，帮助小农户对接市场、发展联合协作。培育金融、信息、农机和技术服务等服务主体，推进农业社会化服务体系的专业化发展，大力发展公益性农业服务机构，加强新型生产经营或服务主体之间的合作，提高农业社会化服务的综合效益。要鼓励引导工商资本开展种子、加工、销售、生产服务等生产经营，向农业输入现代生产要素和经营模式。同时，还要健全工商资本租赁农地的监管和风险防范机制。

3. 聚集现代生产要素，促进产业融合

大力开发农业多种功能，延长产业链、提升价值链、完善利益链，完善农业产业链与农民利益联结机制，支持和鼓励农民就业创业，培育乡村发展新动能，拓宽农民增收空间，让农民合理分享全产业链增值收益。

（1）积极发展农产品加工业

第一，延长农业的产业链条，增加产业附加值。一方面，积极发展农产品加工业，强化农产品产后商品化处理，同时深入实施质量品牌提升行动，促进农产品加工业转型升级；另一方面，建设农产品加工技术集成基地，开展关键技术装备研发和推广，深入实施农村产业融合发展试点示范工程，开展农业产业化示范基地提质行动，建设一批农村产业融合发展示范园和先导区。

第二，加强推动农业向更加环保、更高质量、更具品牌特色的方向发展。为了促进农业发展，我们需要全面遵循国家的质量标准，并建立完善的政策、工作和考核机制，以发挥质量在农业中的积极作用。要建立一套完整的农业生产标准体系，鼓励领先的企业、农民合作社、科技示范户和家庭农场优先采用标准化的生产方式，并大力推动绿色生产基地的建设，同时鼓励消费者选购已通过"三品一标"认证的商品，从而构建绿色健康的生产基地。要加强对农产品质量的监控，改进食品安全标准，尽早建立农用化学品和农产品品质追踪系统，以确保农产物的安全和质量，这样一来广大农户可以改进农产品质量。此外，还要加强对食品安全的监管水平，注重强化基层监管的能力。

第三，打造高品质、独具特色的农产品品牌，努力扩大规模并增强竞争力，促进特色农产品品牌的建立。要考虑分级和分类，并强调地理位置和企业资讯，还要加强针对各地特色农产品的品牌建设。这些措施可以促进农产品的标准化和出口型发展，使生产和加工更加规范化，也有助于提高产品质量，保证产品更加安全可靠，从而进一步提高产品的价值和品牌影响力。要加强与"一带一路"倡议相关国家和地区的合作，提高农产品质量、增加附加值，推动出口高附加值农产品，进而实现农产品品种的多样化。

（2）发展农村新产业新业态

促进农村新兴产业和商业形态不断发展和壮大。促进农业和农村经济与休闲旅游、文化传承和健康养生等产业的紧密结合，以实现丰富多变的乡村旅游形式和产品，并创建一系列具备独特主题特色和高品质路线的乡村旅游胜地。积极促进新型农业产业和业态的发展，包括观光农业、体验农业和创意农业等，从而推动农村地区经济和社会的不断发展。制定精准有效、可行的计划，有序推进乡村美丽建设，积极支持乡村旅游业的繁荣发展，打造一系列富有特色的项目，如宜人舒适的休闲乡村、独具匠心的小镇、品质卓越的景点路线，同时也要大力保护农业文化遗产等重要资源。要积极促进"乡村旅游备货计划"和"一个村庄一种专业产品"专项开发计划，并同时加强"三改一整"计划的实施，即改善乡村旅游景区的设施和环境，以促进乡村旅游事业的发展。此外，还要鼓励农村集体经济、组织创建乡村旅游合作社，或与私营资本开展合作，以推进乡村旅游的壮大和提升。这样可以不断促进乡村休闲旅游业的发展和品质的提升。

（3）建设现代化农业产业园

以规模化种养基地为基础，依托农业产业化龙头企业带动，聚集现代生产要素，建设"生产＋加工＋科技"、第一、二、三产业融合的现代农业产业园，发挥技术集成、产业融合、创业平台、核心辐射等功能作用。吸引龙头企业和科研机构建设运营产业园，发展设施农业、精准农业、精深加工、现代营销，发展农业产业化联合体，推动农业全环节升级、全链条增值。支持农户通过订单农业、股份合作、入园创业就业等多种形式参与建设、分享收益。

4."互联网＋农业"生产组织新方式

"互联网＋农业"是指将互联网技术与农业生产、加工、销售等产业链环节结合，实现农业发展科技化、智能化、信息化的农业发展方式。目前物联网、大数据、电子商务等互联网技术越来越多地应用在农业生产领域，这种发展方式不仅重塑了农产品的流通模式，推动了农产品电子商务的新发展，而且在一定程度上加速了转变农业生产方式、发展现代农业的步伐。

（1）智能农业模式

以计算机为中心，对当前信息技术的综合集成，集感知、传输、控制、作业为一体，将农业的标准化、规范化大大向前推进了一步，不仅节省了人力成本，也提高了品质控制能力，增强了自然风险抗击能力。

（2）农村电商模式

农村电子商务是一种电子化交易活动，它是以农业的生产为基础的。其中包括农业生产的管理、农产品的网络营销、电子支付、物流管理等。它是以信息技术和全球化网络系统为支撑点，构架类似 B2B、B2C 的综合平台支持，提供从网上交易、拍卖、电子支付、物流配送等功能，主要从事与农产品产、供、销等环节相关的电子化商务服务，农产品电商已成为促进农业发展、农村繁荣、农民增收的重要途径。

（3）融合产业链模式

将互联网与农业产业的生产、加工、销售等环节充分融合。运用互联网技术去改造生产环节提高生产水平，管控整个生产经营过程确保产品品质，对产品营销进行创新设计，将传统的第一、二、三产业环节打通，形成完备的产业链。

第一，与生产环节结合。依托互联网手段，通过便捷的网络通信渠道将市场供求变化和先进的农业科技技术传输到田间地头，辅助农民进行科学的生产决策，并积极引导小农经营向规模化、集约化方向发展。

第二，与加工环节结合。应用信息技术实现对原料采购、订单处理、产品加工、仓储运输、质量管控的一体化管理，实现企业内部生产加工流通各环节上信息的顺畅交流和资源的合理配置，促进企业管理科学化和高效化。

第三，在销售环节结合。利用现代网络技术，例如，射频技术和传感技术等，可实现农产品流通信息的快速传递，减少物流损耗，提高流通效率；引入商业智能和数据仓库技术，龙头企业可以更加深入地开展数据分析，提供有效的市场决策，积极应对市场风险；通过打造电子商务和网络化营销模式，实现农产品销售不再受限于地域和时间的制约，促进农业生产要素的合理流动，构建高效低耗的流通产业链。

第四，与消费环节结合。利用物联网技术建立农产品安全追溯系统，对消费的农产品的来源、经过的环节、增值的过程都通过产品标识或者信息编码的方式传递给最终消费者，让原本游离于产业运行体系之外的消费者能够了解到农产品的相关质量信息，促进消费。

综上，可以说"互联网＋农业"提高了效率，降低了风险，实现了数据可视化、市场可视化，使生产产量可控；打破传统，重新构建了农产品流通模式，突破了传统农产品生产模式，建立新的信息来源模式；提升消费者安全感，向国外可追溯农业看齐，加强食品安全监管；链条化，纵向拉长产业结构；信息共享，了解更多最新、最全信息。

（二）乡村人文建设

五千年的文明发展创造出璀璨的中华文化，它不仅是中华民族生息繁衍的源泉，也是中华民族历经劫难走向振兴的重要支撑。乡村是中华文化发源和传承的重要载体，拥有众多的文化遗产和自然遗产。加强文化建设就是在充分传承和发扬中华文化的基础上，利用文化自身的功能，为乡村经济社会稳定可持续发展服务，为中华民族伟大复兴服务。乡村振兴是乡村文明的振兴，使文化成为乡村的凝聚力、生产力和驱动力，以文化提升生活品质，拓展发展空间，引领文明进步，造福乡民，意义非凡而深远。

乡土文化是乡村振兴的动力之源，中华民族伟大复兴要以中华文化发展繁荣为条件，只有将中华文化体现和惠及在幅员广阔的中国乡村上，才能算得上真正的繁荣，乡村富庶而文明。让农业成为有奔头的产业，让农民成为有吸引力的职业，让农村成为安居乐业的美丽家园，这三个方向的评判标准，不是单纯的统计报表能够回答的，更多的是人们心底对于乡村的认同。同时，它也是工业文明的突飞猛进和在城市化加速发展的过程中，对乡村聚落和乡村生活方式的价值认同。

在乡村，几千年来的传统文化仍然可以根据既有的现实条件进行挖掘整理，这将是更适合乡村文化建设的最好文化养料。

1."文化+"打造文化共同体

文化发展和建设是一个综合性的问题，不是一个简单的文化问题，不能只就文化来说文化，必须把文化建设与相关的方方面面结合起来。优秀民俗文化能够凝聚民心、教化人心，是情感的纽带，能够增进乡土生活的幸福感。实施"文化+"计划，有助于充分发挥乡土文化的重要作用，增强乡村文化驱动力，加速传统文化、农耕文明与现代传播载体和特色产业的有机结合，形成文化与产业共促共荣的良好局面，打造文化共同体。新时代的乡村文化是对中国传统文化的解构、传承、转型和中国特色社会主义文化的建构。

（1）"文化+传统道德"

积极利用优秀传统民俗文化的正能量，把传统道德约束与村民自律、村组织管理有效结合起来，促进和谐稳定。在农村地区，我们要将社会主义核心价值观作为指导思想，采取综合措施来推动中国特色社会主义与中国梦的传播和教育，这些综合措施包含教育引导、实践培养和制度保障三个方面，进而追求传承和弘扬民族和时代精神的目标。要鼓励农民树立社会责任意识和遵守法律的观念，增强集体意识，鼓励他们积极参与团结合作和诚信建设；加强公民道德教育，促进农村道德建设，积极落实道德讲堂，深入开展相关主题实践活动，宣传思想道德模范事迹。

实施"新乡贤培育计划"，建设乡村思想道德高地，充实乡村发展的中坚力量，加强乡村人力资源建设，聚人气、能传承、有后劲，是当前乡村文化建设乃至整体振兴的一个关键。

适当恢复乡贤文化，重在重建乡村的知识阶层，培育精英资源，充实精英力量。主要途径包括：一是加强知识技能培训，着力提升本地农民素质；二是加强思想道德建设，以文化人，培育乡贤文化，以社会主义核心价值观为引领，弘扬"好为德于乡"的乡贤精神，建设乡村思想道德高地；三是吸引新乡贤反哺，鼓励各方社会贤达投身乡村建设，推动人才回乡、企业回迁、资金回流、信息回传，使优秀资源回到乡村、惠及乡村。

（2）"文化+公共活动"

积极开展各种文化活动，弘扬和宣传中华文化，发挥中华文化正能量的作用来为经济社会发展服务，培养广大民众弘扬中华文化的自觉行动，并树立起文化自信；利用民俗文化中带有正能量的功能，加强连接城乡的文化纽带建设，为乡村社会的自治和稳定发展服务，使优秀民俗成为乡村公共活动的平台资源，在文化上有传承，在发展中有凝聚和认同。从乡村的实际出发，因地制宜，激发乡村文化活动的主创性，充分汲取乡土精华，充分吸纳乡村文化成果，积极打造特色乡村文化，广泛开展形式多样、内容丰富的文化惠民活动，努力营造浓厚的文化氛围。

（3）"文化＋经济发展"

在自觉传承民风民俗的基础上，发展观光农业、现代农庄和特色小镇等，使农民在家门口致富，使乡村成为宜业宜居的新家园。

在工艺美术资源丰富地区，构建"手艺农村"站点，实现"一村一案""一乡一业"的网格化布局，在条件成熟地区探索建立传统手工艺原创生产示范基地，以手艺带农户，以农户带农村，以农村带基地，以基地带销售，建设"手艺农村"原创手工艺品线上线下营售商业模式，发展农村手工文化产业。同时，在民族及边远贫困地区实施"手艺文化扶贫"，推动少数民族及边远贫困地区手工艺产品品牌、企业品牌向区域文化品牌转移，加强手工艺知识产权法律援助，开展创意研发等文化帮扶，开放手工创意产品发行传播通道，帮助产品直销，动员吸收社会力量来发展民族地区及贫困地区特色手工艺。

2. 打造乡村人文新生态

要善于利用乡村的淳朴，历史的遗迹，乡村风俗传说与历史典故的资源，与乡村的山水、食物、自然风光结合起来，打造一种人文新生态。

要保护优秀文化遗产，深入挖掘农耕文化蕴含的优秀思想观念、人文精神、道德规范，充分发挥其在凝聚人心、教化群众、淳化民风中的重要作用。

要整理、保护、传承和发展地域优秀传统文化，加强文化和自然遗产保护，坚决杜绝过度商业化开发现象。要保护好文物古迹、传统村落、民族村寨、传统建筑、农业遗迹、灌溉工程遗产，建设少数民族特色村寨。要加强对历史文化名村和自然风景名村以及名人故居的修缮和保护，防止它们在工业化和城镇化进程中受到破坏，充分发挥它们在文化传承中的载体作用，把文化建设的设施深入乡村。

3. 加强文化服务体系建设

要加强农村公共文化服务体系建设，丰富群众文化生活，充实乡村内生动力。繁荣兴盛农村文化，焕发乡风文明新气象，坚持物质文明和精神文明一起抓，推动农村文化事业和文化产业发展，提升农民精神风貌，培育文明乡风、良好家风、淳朴民风，不断提高乡村社会文明程度。

我国农村地区经济社会发展水平各不相同，风土人情各异，农村文化建设应根据各地实际，体现地域特色

第一，从乡村文明出发完善基础设施。具体包括：加强各类文化基础设施建设，为乡村居民提供丰富多彩的文化服务；建设具有共同价值的"乡土博物馆"等文化设施，重视具有识别价值的乡村聚落、民居住宅等"乡土景观群"，使集物候节律、传统节日等与日常生产生活一体的"农业遗产带"焕发活力，进一步发展集循环农业创意农业、农事体验于一体的"田园综合体"，发挥乡土文化景观的人文辐射作用。

第二，从地方文化出发，开展群众喜闻乐见的文化活动。具体包括：调动农民参与热情，自创文化阵地；推进基层综合文化服务中心建设，实现乡村两级公共文化服务全覆盖；广泛开展群众性文化活动。

第三，加强"三农"题材文艺创作，反映乡村振兴的历史进程，叙述优秀的"三农"故事，体现乡村价值、乡村精神，鼓舞人们建设乡村、发展乡村；活跃繁荣农村文化市场，丰富农村文化业态。

（三）乡村生态建设

乡村振兴的五个总体要求中，"生态宜居"作为关键一环，是"绿水青山就是金山银山"理念在乡村建设中的具体体现。建设好乡村生态环境，不仅对城乡乃至全国的生态建设至关重要，而且对满足城乡居民美好生态环境的追求与向往有着重要影响。因此，要尊重自然、顺应自然、保护自然，以绿色发展引领生态振兴，发挥地区生态优势，让生态和经济良性循环，实现百姓富、生态美的统一，共同打造美丽乡村、美丽中国。

1. 整治乡村人居环境

实现生态宜居的目标，首先要解决乡村现有的环境问题，改造和升级乡村居

民生活环境设施，在让居民生活更方便、更环保、更有质量的同时，减少居民生活对环境产生的污染和破坏，整治乡村的人居环境，整合各种资源，做好乡村垃圾清理、污水治理、饮用水保护和村容村貌提升，稳步有序地针对农村人居环境进行治理。

第一，推进农村生活垃圾治理。要统筹考虑生活垃圾和农业生产废弃物利用、处理，建立健全符合农村实际、方式多样的生活垃圾收运处置体系。有条件的地区要推行适合农村特点的垃圾就地分类和资源化利用方式。开展非正规垃圾堆放点排查整治，重点整治垃圾山、垃圾围村、垃圾围坝、工业污染等。

第二，开展厕所粪污治理。要合理选择改厕模式，推进厕所革命。东部地区、中西部城市近郊区以及其他环境容量较小的地区村庄，要加快卫生厕所建设和改造，同步实施厕所粪污治理。其他地区也要按照群众接受、经济适用、维护方便、不污染公共水体的要求，普及不同水平的卫生厕所。包括引导农村新建住房配套建设无害化卫生厕所，人口规模较大村庄配套建设公共厕所；加强改厕与农村生活污水治理的有效衔接；鼓励各地结合实际，将厕所粪污、畜禽养殖废弃物一并处理并资源化利用等。

第三，梯次推进农村生活污水治理。要根据农村不同区位条件、村庄人口聚集程度、污水产生规模，因地制宜地采用污染治理与资源利用相结合、工程措施与生态措施相结合、集中与分散相结合的建设模式和处理工艺。包括推动城镇污水管网向周边村庄延伸覆盖；积极推广低成本、低能耗、易维护、高效率的污水处理技术，鼓励采用生态处理工艺；加强生活污水源头减量和尾水回收利用等。

第四，防控乡村企业污染。要严格控制在优先保护类耕地集中区域新建有色金属冶炼、石油加工、化工、焦化、电镀、制革等行业企业，现有相关行业企业要采用新技术、新工艺，加快提标升级改造步伐。

2. 提高绿色农业的生产水平

绿色农业是发展现代农业的最前沿，要不断提高绿色农业生产水平，逐步减少农业生产对生态环境的污染和破坏，用生物肥料和生物农药替代化学肥料和化学农药，使用可降解程度更高的薄膜，降低对土壤、河流的污染程度，为消费者提供安全、高品质的农产品。

（1）提高绿色消费观念与意识

随着人们生活水平的提升，绿色消费理念逐渐获得越来越多人的认可，这就大大扩大了无公害绿色农产品的消费需求。应积极宣传绿色消费理念，增强人们的绿色消费观念与意识。

第一，在日常的消费行为中，应逐渐融入一些绿色消费的理念，逐步影响消费者的行为。例如，工业化的发展带来了严重的环境污染，农药、化肥的过度使用也进一步加剧了农产品的安全隐患。

第二，加大力度宣传绿色消费及绿色产品对人体健康、环境保护方面的好处，通过科技人员下乡培训、宣传以及广播、电视、网络等媒介推广，让更多的人认识绿色农业，培养消费者的绿色消费观念，让消费者认识到农产品的质量安全、资源环境的保护都与自身利益息息相关，让农民认识到绿色农业有利于长久保障农民收入的增长。

第三，应在全国推行生态保护理念，让农业生产的生态保护意识深入人心，让绿色生产、安全生产贯穿整个农业生产，形成技术、环境、经济的和谐、可持续发展。

（2）建立绿色农业发展体系与制度

绿色农业发展能否成功，关键在于能否让农民以及相关的企业获得足够的效益。绿色农业的发展离不开市场机制的推动，但是政府扶持却是绿色农业发展的重要动力与基石。政府通过颁布相应的法律法规，可以为绿色农业的发展提供财力、物力、人力的支持。

第一，构建齐全的绿色农业生产法律法规。绿色农业的可持续发展需要相应的法律法规，以加强对绿色农业发展战略的保护。绿色农业不仅关乎农业生产本身，也与环境保护直接相关。因此，完善绿色农业生产相关的法律法规，将有利于生态环境的保护，提高人民的法治意识，为绿色农业的推行提供法律支撑

第二，加大对农产品环境友好性、质量安全性的监管力度。要构建并实行严密的科学认证机制，以确保绿色农产品的质量和安全，并规范审批程序，以达到良好的管理效果。为了处理绿色农业发展中消费困难的问题，我们要尝试创造畅销绿色农产品的销售途径，制定严格的监管机制，重视产品质量控制，进而提升公众对绿色农产品的信任度。

第三，确保政策持续支持绿色农业。为土地经营政策提供支持是至关重要的，尤其是绿色农业领域的龙头企业。在相关领域，要提供充分的支持与帮助，例如登记注册、费用收取和土地审批等方面。除此之外，要给予产业投资政策方面的支持。政府应该加大对绿色农业项目的补贴力度，尤其是那些致力于保持生态平衡、高效利用资源、积极推动环保生产的项目。要增加对循环农业、农业环保和高标准耕地项目的投入，以推动这些项目的不断提升和优化。

（3）加强绿色农业发展的科技支撑

①先进技术的创新与开发

首先，应当高度重视绿色农业技术领域的人才。要推动绿色农业的发展，需要充分利用科技和人才资源的优势。随着科技的不断发展和人才专业化水平的提高，农业领域的生产效率也将得到提升。可以考虑创办研究小组，研究小组致力于绿色农业技术的探索与开发，力争吸引来自多元领域的专业人士，并利用前沿科研技术，为绿色农业的迅速发展提供有力的人才支援。

其次，应当给予创新和研究领先技术以极高的重视。要专注于技术创新研究，并研发环境友好型的农业技术，以推动绿色农业的发展。要通过采用保护性耕作技术、提高土地利用效率、改进劳动生产技术等手段，这种做法也可以刺激种植方式的优化。同时，要深入研究防治技术，加强对病虫害预测和控制技术的探索。为了提高绿色农产品的附加值，我们需要创新绿色农产品加工技术，进一步拓展绿色农产品的产业链。这将帮助我们更好地开发绿色农产品，以达到最佳效果。利用科技进步和新颖思维，建立完备的绿色农业体系，推广无公害和清洁生产技术，以有效减少污染、遏制资源浪费。

最后，更加积极地推动新技术和科技的普及。鼓励农业企业积极担任促进农业领域新技术和科研成果落地实施的重要角色，同时督促研究机构为农业产品生产过程运用研究成果提供有针对性的支持。为了拓展农业科技服务机构的功能，我们应该鼓励其工作人员更主动地参与科技成果的转化工作。

②加大绿色农业发展的资金投入

第一，加强财政对绿色农业产业发展的资金支持。应划定各级财政的财务支持范围，鼓励绿色农业主体参与到经营当中，对于涉及公共利益的社会项目，如生态环境区的保护、生态农业基础设施建设，鼓励投资方的多元化。

第二，注重绿色农业补贴的力度与广度。要提高绿色农业补贴的规模，全面提高绿色农业生产的综合能力，促进农业发展方式的转变和环境资源的保护，提升农民收入水平，促进城乡协同发展。

第三，通过探索各种途径来推动更多资金流入绿色农业产业，以推进该领域的发展。市场机制和社会资本的支持是绿色农业产业壮大所必需的。政府和金融机构应积极促进绿色农业发展，帮助其解决融资困难问题。此外，应该充分利用农村信用社的资源，积极促进金融机构支持绿色农业产业的发展。可以适当降低小型农户贷款的门槛，并进一步加大政府对贷款利息的补贴力度，来保障绿色农业产业的可持续、健康发展。

3. 乡村土地资源整治

土地资源是农村实现发展、农民实现致富的关键渠道和手段。开展土地整治，是建设新增耕地、提升耕地产能，改善乡村生产生活条件、集约用地的重要手段。将农村土地进行整治，集中利用闲置的土地资源，规范农村土地使用行为，既能让农户直接受益，又能促进农村集体经济发展。

农村土地整治，主要是对农村地区的田、水、路、林、村进行综合整治，提高土地的利用率，当前土地整治重点将集中在建设高标准农田、增加有效耕地面积、盐碱地改良等方面；尤其是针对农村散乱用地、闲置用地、低效建设用地的整理，并对废弃的、有损毁的土地进行集中复垦。

在土地整治的参与主体间、城乡资源要素间、生产与市场间建立平台，以定制化、服务导向型的土地整治规划和工程推动土地多功能复合利用，延伸土地整治链条，培育农业和农村发展新动能，探索形成以"土地整治+"带动区域转型发展、实现综合效应的新模式。"土地整治+"是一次高起点的自我净化。其中，土地整治工程是"本体"，"+"则是土地整治与发展战略目标间的桥梁。搭建桥梁的手段在于打造"信息交互、价值传播、资源整合、产业竞合"的跨界融合平台。在"内涵"层面，土地整治须主动发挥夯实供给基础、开辟供给空间、解除供给制约、释放供给活力、丰富供给形式、优化供给结构的职能。在"外延"层面，通过土地整治平台横向接驳智库、艺术创作等创新要素，纵向关联都市服务性产业，形成从"整治"到"利用"再到"发展"的全链条动力传导。

（1）"土地整治＋都市服务产业"，打造特色业态综合体。要借助土地整治线上平台，传播土地整治价值并对接社会需求，通过市场机制筛选未来土地利用方式的"最优解"，与相关主体达成用地意向。同时，引入创新智库，直接对接未来规划产业的用地需求，因地制宜、因用施整，提升设计施工的精细化与美学水平。

（2）"土地整治＋农村闲散资源"，激活乡村发展内生动力。通过土地整治工程，改变乡村零散资源的空间结构和利用组织形式，有效对接都市需求，激活乡村发展内生"造血"能力，实现乡村振兴、精准扶贫等综合目标。要以"价值挖掘、深度利用"为指引，在规划设计方面，为公共服务和乡村旅游配套设施腾挪空间，对地方原生特色地形地貌和具有文化、历史价值的建筑予以保护修缮，酌情改造为旅游服务设施。

（3）"土地整治＋都市现代农业"，弥补健康农业产能短板。通过多功能农用地整治的"两增加"，即适度增加设施农用地比例、增加绿色基础设施，实现促进高科技农业生产技术落地、促进都市型现代农业的业态发展。要运用"土地整治＋现代农业"，沟通供需两端，挖掘农用地复合价值，弥补健康农产品供给、农业生态旅游等都市服务短板。

（4）"土地整治＋环境综合整治"，构建重大生态功能区。要以重要的生态网络节点和生态保育区建设为突破口，借助土地整治平台，加强部门间规划与资源投入的协调度，有效对接社会资金、技术资源，保障土地整治顺利实施。同时，还要拓展绿地、农田、水域等生态空间，消除污染点，高效利用复垦形成的土地资源，适度增加林地面积比例，促进生态空间沟通联结；借助"土地整治＋"，沟通项目区与都市区（消费市场），对各类生态空间进行保护性、有限度开发，实现"以整促绿、以绿养绿"。

4. 生态保护区与水源涵养区

生态宜居的乡村要尊重自然环境、尊重历史肌理、尊重地域文化，加强生态保护区与水源涵养区的生态功能建设，最大限度地发挥它们美化乡村，"看得见青山，望得见绿水，留得住乡愁"的生态功能。

（1）合理调整和引导产业发展

要充分利用生态功能保护区的资源优势，合理选择发展方向，调整区域产业结构，发展有益于区域主导生态功能发挥的、资源环境可承载的特色产业，限制不符合主导生态功能保护需要的产业发展，鼓励使用清洁能源。

第一，限制损害区域生态功能的产业扩张。要根据生态功能保护区的资源禀赋、环境容量，合理确定区域产业发展方向，限制高污染、高能耗、高物耗产业的发展。要依法淘汰严重污染环境、严重破坏区域生态、严重浪费资源能源的产业，要依法关闭破坏资源、污染环境和损害生态系统功能的企业。

同时，大力推动那些既能实现增长，又能保护资源和环境的产业的长久发展。要实现可持续发展的目标，我们需要针对不同资源的特征采取不同的措施。具体包括：推广生态农业、发展生态林业和生态旅游业等，这将有助于促进农业企业的可持续发展；在中药植物产区，可以建立中药材种植园，以促进生物资源的高效开发和高效利用；在畜牧养殖业发达的地区，要推进人工饲草种植园的建设，以提高饲草的品质、产量和可靠性；在重点的防风固沙地区，可以适度推动沙产业的发展；在容易发生洪水灾害的地区，应采取经济手段来预防和减轻灾害的影响；在以海洋生态为主题的保护区，要周边生态产业发展，如海洋生态养殖、生态旅游等领域。

第二，推广清洁能源。通过积极推广沼气、风能、小水电、太阳能、地热能及其他清洁能源，解决农村能源需求，减少对自然生态系统的破坏。

（2）保护和恢复区域生态功能

遵循先急后缓、突出重点，保护优先、积极治理，因地制宜、因害设防的原则，结合已实施或规划实施的生态治理工程，加大区域自然生态系统的保护和恢复力度，维护区域生态功能。

第一，增强水源保护效能。要加强森林、草地、湿地的管理和恢复，以维护水源涵养生态功能保护区，促进生态保护和建设工程的协同推进。此外，为防止过度开采和利用水源资源，我们需要加强监管措施，决不能容忍破坏生态环境的行为，例如乱砍滥伐森林、破坏草原和湿地等。在进行水电合理开发的过程中，要注意加强该区域水源涵养的生态保护能力。

第二，重构水土保持机制。具体包括：加强相关监测，恢复那些已经被破坏的生态环境，以确保水土不流失；加强小流域治理协作，推进水土保持林木建设，并坚决制止森林砍伐、山地焚烧、荒地开垦和陡坡开发等行为。要在强化该地区水土保持能力的同时，最大限度地利用自然资源，确保自然生态系统的保护和修复。

第三，增强防风固沙功能。在防风固沙生态功能保护区内，要积极实施防沙治沙等生态治理工程，严禁过度放牧、樵采、开荒，合理利用水资源，保障生态用水，提高区域生态系统防沙固沙的能力。

（3）建立生态功能的保障措施

首先，构建一个具备多样性的投资系统。为了获得多样化的资金来源，在开展生态功能保护区的建设过程中，我们需要探索多种投资和融资方式，并充分发挥市场机制的作用。地方政府需要在财政预算中将生态功能保护区的运营成本纳入规划范畴。为了推进生态功能保护区的建设，我们需要综合考虑经济、行政和法律等多方面的因素，并制定相应的投融资政策，以实现长久、稳定、积极发展的目标。同时，我们也应该推广税收等方面的激励政策，以扩大资金来源，吸引社会和国际资金参与生态功能保护区的建设。要仔细研究政策，以建立和完善生态环境补偿机制。可以在最近建设的重点生态功能保护区内试行生态环境补偿策略，并逐步完善补偿机制。

其次，应该大力推动科学研究和技术创新的进步。为了让生态功能保护区建设取得成功，需要利用科技进步的优势，这是一个综合性、复杂的项目。我们要深入研究基础理论和应用技术，着眼于自然、社会和经济因素对生态功能的影响，以此为主导来实现生态保护的目标。针对各类生态功能保护区，我们需要谨慎挑选并广泛应用相应的保护和治理技术。我们需要注重推进新技术和成果的普及，以便更快地将现有的技术成果用于实际应用中，从而有效地减少资源消耗、控制环境污染，这也有利于积极推动生态恢复。要积极进行技术创新，提升综合资源利用能力，恢复和重建生态环境，同时为生态保护区建设提供所需的技术支持。

最后，要提高公众对参与度的认知水平，并建立社区协作管理制度。要建设生态保护区，需要各行业紧密协作，同时也需要社会广泛认可和支持。特别重要的是，要积极争取当地居民的参与，这是一项至关重要的任务。宣传生态功能保护区建设的重要性和收益应该通过多种渠道加以保障，包括但不限于广播、电视、报纸等媒介，以提高公众的环保意识。此外，我们也需要激励社会各方更积极地投身于此。政府应与当地的农牧户协商签订生态保护协议，并采取多种措施，比如建设适宜居住的乡镇和生态村等，以此建立一种互利共赢的社区管理模式。这种模式能够鼓励当地居民积极参与生态保护，也可促进经济和生态之间的良性互动。

（四）乡村福祉建设

福祉建设是乡村发展的基础，它包括为广大乡村居民带来福祉的各类制度和发展红利、基础设施建设以及公共服务能力建设等内容。

1. 推动基础设施建设升级

农村要发展，基础设施建设是关键。要从政策、资金等方面进一步完善农村道路、自来水等基础设施，让乡村打破发展瓶颈，实现民富村美。

推动农村基础设施建设提档升级，需要重塑城乡关系，走城乡融合发展之路，建立城乡一体化发展的体制机制，让乡村居民享受同等的发展红利。要坚持以工补农、以城带乡，把公共基础设施建设重点放在农村，推动农村基础设施建设提档升级，优先发展农村教育事业，促进农村劳动力转移就业和农民增收，加强农村社会保障体系建设，推进健康乡村建设，持续改善农村人居环境，逐步建立健全全民覆盖、普惠共享、城乡一体的基本公共服务体系，让符合条件的农业转移人口在城市落户定居，推动新型工业化、信息化、城镇化、农业现代化同步发展，加快形成工农互促、城乡互补、全面融合、共同繁荣的新型工农城乡关系。

乡村基础设施建设要紧扣民生抓实效。在医疗卫生、教育、养老等硬件设施的建设方面，根据经济社会和人口发展的具体情况，对各种设施进行科学、平衡布局，在乡村与城镇之间构建半小时公共服务圈，实现公共服务的乡村全覆盖，缩小公共服务上的城乡差别。要以增进人民福祉为出发点和落脚点，聚焦群众期盼抓改革，推动共享发展。具体包括：推进农村危房改造，加大农村危旧房改造力度，重点帮助特困农户实施危房改造，支持避灾、生态脱贫等移民新村的建设；实施农村安全饮水工程，让农民都能喝上安全清洁的放心水，鼓励社会资本规范有序地参与村镇供水工程建设；完善农村路网建设，实现宜居地段通乡、通村公路全覆盖，提高农村公路安全畅通水平；改造升级农村电网，提高电网供电能力和电能质量，实现城乡各类用电同网同价，进一步减轻农村用电负担；提升农村信息化水平，实现行政村互联网宽带上网目标等。

2. 提高基本公共服务水平

要根据发展需要，培养合格的医生、教师、老人护理员和康复师，为居住在乡村的居民提供高质量的各种公共服务，最终实现城乡公共服务均等化。

要深化教育综合改革，大力发展更加公平、更高质量的教育，全面提升教育发展质量水平。具体包括高度重视发展农村义务教育，继续推动城乡义务教育一体化发展，着力提高农村义务教育质量和便利性；发展农村学前教育；推进农村普及高中阶段教育，加强职业教育，鼓励创办县级职教中心（职业学校）等。

要深化社会保障制度改革，实施社会保障全覆盖工程，着力完善社会保障体系。具体包括：完善城乡居民基本养老保险制度，着力增加农民基础养老金；完善统一的城乡居民基本医疗保险制度和大病保险制度，着力提高农民报销比例；统筹城乡社会救助体系，着力提高农村低保标准和覆盖面。

在构建整合型医疗卫生保障制度的过程中，我国各地区需要考虑到经济差异与管理分割等方面带来的制约性因素，建立一套合理、有序的制度设计，并依照循序渐进的原则，在实践中不断摸索、完善。增加财政投入，提高筹资水平，鼓励资金来源渠道多样化，完善长效筹资机制；实行配套改革措施，缩小城乡与区域间差距，强化政策宣传与政策落实力度；有效实施跨省就医费用核查与结报，加强农村合作医疗信息化建设与立法工作等。

为了确保农村低收入人群的生活保障水平不低于国家扶贫标准，我们需要加强城乡低收入保障政策的衔接与协调。同时，对于低保申请和认定流程，政府及其他有关部门需要进行改善，并设立低保标准调整机制。要建立更为全面的制度体系，以确保困境儿童和未成年人的福利得到充分保障，以真正保障他们合法权益的责任。要加强农村老年人和残疾人服务机制，改善他们的养老和康复条件，另外要增加更多托养设施，以满足老年人与残疾人的日常生活需求。需要注意的是，提高农村公共卫生服务水平可以采取多种措施，如综合预防控制、有效防控慢性疾病和人畜共患病、加强乡镇卫生院和村卫生室设施建设，以及强化农村医护人员的专业技能和素养。

（五）乡村政治建设

城乡壁垒的破除加快了城乡融合的进程，以往封闭的乡村逐渐走向开放。乡村之外的资本、人员和要素涌入乡村，改变了传统乡村的社会结构，推动了乡村社会向现代社会转型，同时也给乡村政治建设和治理提出了新的要求。乡村振兴过程中的政治建设既要坚持党的领导，发挥党在基层引领发展的核心作用；也要以村民自治为基础，尊重自治组织的地位和作用，培育和壮大自治组织，充分发挥自治组织在社区建设上的优势，正确处理基层党和政府组织、非政府组织与乡村自治组织之间在乡村治理上的关系，做到各司其职、各尽其责、相互监督、共商发展，为乡村社会的稳定和可持续发展奠定基础。

1. 强化乡村振兴的政治保障

（1）加强农村基层党组织的建设

要注重提高政治地位，以组织绩效为核心，着力打造村级党组织，使其成为具有强大实力和战斗力的集聚地，进而稳定和加强党在基层农村治理的组织基础。要把乡村振兴作为重中之重，强化基层党组织建设，强调基层党建工作的成效要通过真实的振兴成果来体现。在积极促进星级村党组织的成立的同时，探索采用支部联合的方式来加强农村基层党组织的整顿工作，以解决当前薄弱分散的问题。通过规范化乡村组织服务建设，要加强村级组织的团结和服务能力，提高村级党组织的服务水平，为公民提供更优质的服务。要强化村级党组织的领导和组织能力，建立和完善村民自治机制。这是为了让党组织能够审核、决策村庄的重要事项、关键问题和工作计划，落实党在基层管理方面的思想。要加强党员干部的作风和廉政建设，采取村级小微权力清单制度等措施，加大对基层的微腐败行为的监督和惩治力度，坚决打击那些涉及农民利益的不正之风和腐败问题，包括但不限于农村的惠农补贴、集体资产管理、土地征收等。要加强农村基层基础设施建设，促进村级组织运营经费以及服务村民专项经费持续增长。

（2）加强"三农"工作队伍的建设

要求"三农"干部要有扎实的农业专业知识，并且热心于农村和农民，同时需要在培训、调配、管理和实践方面提供更有力的支持。设计并执行培训计划，目的是增强"三农"干部群体的素质和才干，加强乡、县一级党政领导团队以及农业系统人员的组建。为了促进干部之间的沟通交流，同时丰富县级"三农"工作部门和乡镇干部的人才储备，要有计划地选拔优秀的年轻干部，这些年轻干部可以来自省直部门、高校，也可以来自科研院所。要将这些年轻干部派遣到县市去承担职务。此外，为了适应农村振兴的需要，还要加强农村党组织的领导人才队伍建设。首先，应挑选具有能力的人担任第一书记和科技专家；其次，要吸引具备外出务工、经商、大中专毕业和退役军人等方面经验的优秀人才；最后，要招募更多的高技能人才来帮助解决问题。这些措施的实施，可以确保新的领导队伍在素质和活力方面都更加高强，这有利于更好地推动农村振兴。

（3）凝聚推进乡村振兴的强大合力

要利用群体合作的优势和影响力，从乡情乡愁出发，积极引导各民主党派、工商联、无党派人士等共同参与乡村发展；同时，通过加强宣传，展示乡村振兴的实践成果和成功案例，激励基层干部和民众的热情，促进全社会对乡村振兴的重视和支持。另外，还要加强针对乡村的数据收集和统计，并提高数据应用的水平。为了推动乡村振兴，我们应当根据实际需要，制定并完善地方性法规和规章制度。这些法规和规章应当确立可行的乡村振兴政策，并将其法律化，以通过立法的方式来保障和推进乡村振兴，凝聚推进乡村振兴的强大合力。

2. 加强基础工作，创新治理体系

社会治理主要是政府和社会组织为促进社会系统的协调运转，对社会系统的组成部分、社会生活的不同领域以及社会发展的各个环节进行组织、协调、监督和控制的过程。社会治理的基本任务是规范社会关系、处理社会问题、规范社会行为、化解社会矛盾、促进社会公正、应对社会风险、促进社会稳定、保障人民群众的权益及其实现。社会治理是公共权力的运作和实现，社会的稳定、平安、和谐是社会治理所要达成的直接目标。推进乡村社会治理就是要实现乡村社会依法、有序、健康的发展

（1）深化村民自治机制

要坚定不移地维护农村基层党组织的核心作用，积极推动村民自治机制运行，以自治的方式促进农村地区的繁荣发展。优化村级民主选举制度，以促进村党组织书记积极参选并承担村委会主任职责。提升农村居民参与民主的意识，加强村务监督委员会的建设，促进民主治理措施的落实。除此之外，应鼓励并促进使用村规民约和自治章程，以充分发挥它们在推进民主自治方面的积极作用。为了提高基层民主协商的效果，我们可以采用多种方法。例如，可以通过举办村民大会、村民代表大会和村民小组讨论会等形式，建立一个多元化的协商平台，鼓励村民

积极参与，并通过各种渠道进行合作，以解决问题。要持续提升农村社区的建设水平，使其覆盖农村社区的各个角落。要注重改革基层管理机制，将公共服务和行政审批职能整合优化，创建一个全方位的服务平台，以达到"一站式服务，一次性办结"的目标。加快在农村地区建设互联网服务站，逐步丰富其服务项目，为乡村提供便民服务，并建立覆盖全村全庄的服务网络。加强对新型农村集体经济的推进和扩张，创造更多盈利机会以提升集体经济发展水平。

（2）建设法治乡村

坚信法治对于国家的进步至关重要，并且投身于推广以法律为基石的治理理念，从而加强法治建设对农民权益保障、市场规范、农业发展、生态环境管理以及农村社会问题解决等方面的引领和支撑作用。加强基层干部对法治的理解和对人民至上法治意识的认识，提升他们的法律素养和能力，确保农村政府遵循法律原则严格开展工作。促进综合行政执法体制改革，鼓励执法力量下沉到基层，以促进执法队伍的整合和优化。确立全面的农村土地承包经营纠纷解决体系，其中涉及农村调解、县市仲裁和司法救济。加强农村社区的法治教育，提高居民的法律意识和理解水平，这有助于帮助居民充分了解合规遵守、有效运用法律条款的实际意义。同时，让居民学会采取法律措施来解决问题，保护个人权利，并防止争端的发生。要加强农民法律保护和司法支持，推进建立公共法律服务网络，为全体城乡居民提供全面便利的服务。

3. 提升乡村德治水平

不断弘扬德治理念，通过德治来培养法治和自治意识，以实现在乡村治理的全过程中贯彻德治理念的目标。要深入研究农村社会网络中稠密人际关系所遵循的道德规范，同时将其与当今时代需求相结合并进行创新转化。此外，需要特别强调的是，道德教育对于建立良好的道德激励和规范机制至关重要。基于此，我们能够帮助农民实现家庭和睦、邻里和谐，并在互相支持、自我管理、自我学习和不断提升的过程中促进整个社区的和谐发展，提升乡村整体的德治水平。

4. 加强乡村社会治安综合治理

完善县乡村综合治理工作机构，实行干部联村维稳制度，加快推进农村社区网格化管理。推进农村"雪亮工程"建设，持续开展农村安全隐患治理，加强农村警务、消防、安全生产工作，坚决遏制重特大安全事故

5.探索"政经分开"的乡村社区治理方式

农业组织形式和生产方式的转变要求创新乡村治理机制，理顺农村集体经济组织、农村股份合作经济组织与"村两委"的关系。"政经分开"是未来我国乡村社区治理方式改革的可行方向，因此，要深化"政经分开"改革，进一步剥离农村"两委"对集体经济的经营管理职能以及农村自治组织的行政职能和自治职能。基层自治组织"两委"班子成员不兼任集体经济组织领导成员。要切断基层自治组织凭借党组织关系对集体经济组织进行直接管理和干预的渠道。引导农村从集体经济组织包揽社区公共服务费用转向由享受服务的居民付费，其运作模式可仿照行业协会。集体经济组织社区公共服务支出应视为参与公益事业，应享受税前抵扣。股份制改革可以成为农村集体经济组织改革的选择，却不应是唯一选择。建议：集体经济组织广泛引入企业经营管理制度；尽快立法赋予农村集体经济组织法人身份和地位，明确规定其可享有的税收优惠政策；同时，继续加大政府对社会组织的培育力度，提高公众参与社会公共事务的主动意识和能力，推动社会组织参与社区民主议事、民主监督和民主管理。"政经分开"改革要求集体经济发展必须达到一定水平，且对地方财政提出较大挑战，应因地制宜地推广"政经分开"的改革经验。

二、乡村振兴的基础建设

（一）乡村振兴基础建设的发展思路与实施步骤

1.发展思路

推进社会主义新农村，建设新时代下的生态宜居农村，是实施乡村振兴战略的一项重要任务。祖国振兴，离不开农村的建设。要以人民群众为主，从人民的需求出发，加强改善群众反映最强烈的突出问题，从人民群众中来，到人民群众中去，努力落实群众基本需求。从乡村本土文化、地域特点、本土产业等出发，建设环境适宜、产业上行、民居安业的美丽乡村，需要一个完善落地的建设发展思路。

第一，明确目标客户，实行乡村本土消费模式指引产品研发，在明确本村目标客户后推行项目设计。

第二，推行梯度开发，综合项目特性、乡村场地条件、投资额度统筹考虑，将意义重大、带动性强的项目优先安排。

第三，明确市场需求，准确把握旅游市场由休闲向度假转变的趋势，着力构建度假产品体系，注重项目体验环境与质感。

第四，注重营造一个良好的氛围，使乡村旅游有更大的空间去发挥和施展，按照村内与村外并重的思路营造区域田园氛围。

第五，塑造个性地域文化底蕴，将塑造本土品牌作为构建的抓手，杜绝追随模仿，着力烘托本土旅游产品的独特风格。

要确定发展思路，打造最能体现乡村文化内涵的"乡思、乡愁、乡风"，加入当地的本土民情，结合当地民俗，共同构建一个结合现代潮流，融合淳朴的乡村民俗的一体化休闲旅游度假区。乡村休闲与特色度假整合起来形成定位的落脚点，最终实现由传统农村蜕变成特色旅游村。

2. 实施步骤

首先，完成方案，制定合理的方案并成功完成。为了确保所有问题得到妥善处理，需要从多个方面进行全面考虑。例如，需要制定明确的目标和任务，负责的部门也需要得到指派；为了筹集必要的资金，需要制订相应的计划，还需建立农民参与机制，并设立相应的考核标准和监测措施。根据行动计划，地方政府需要将目标和关键任务进行详细的分解，并制定以县、市、区为基础的具体规划和执行计划。督导评估和中央投资规划是实施方案的核心基础。

其次，树立榜样，进行典型案例的示范展示。可以通过将基础的点和面操作相互结合，整合本地实践，并以小范围的试点示范为基础，逐步探索和积累经验，从各个方面促进进步。强化制定规划，合理分配整改职责和建议方案。根据本地实际情况，采用适合的工作方式和技术模式，同时总结适用于环境整治的各种技术方法，并研发易于推广、可复制的建设机制与运营管理机制。

第三，合理推进，稳步推进整治任务。根据典型示范地区整治进展情况，集中推广成熟做法、技术路线和建管模式。要适时进行检查、评估和督导，确保整治工作健康有序推进。

（二）乡村环境的基础建设

1.宏观环境硬件的基础建设

（1）道路交通建设工程

以城乡快速路、高架桥、城市道路以及高速公路、铁路等为代表的交通工程，现已经取得了重大进步，但仍需要重视落实。除此之外，由于进入村口的道路比较单一，所以在建设这部分道路的时候要根据当地的路况，满足基础需求。部分农村道路在进行改造时，应结合当地旅游开发情况，与旅游服务相配套，方便进行交通换乘和游客集散，使村民出行合理快捷，也便于外来旅客进入乡村体验交流。停车场采用生态停车的景观面貌，与自然环境、村庄面貌相协调。村民专用的内部道路在当前基础上加强道路两旁的绿化建设和环境治理工作，全面清理杂草堆、垃圾堆等破坏环境并且有碍于村民出行的物体，道路两旁种植一些花卉、果树，营造自然淳朴乡村环境。对于广阔的田园旅游休闲区，重点进行环境清理，保持最自然的真实风貌，选用当地石材，搭配竹木构建辅助游憩服务设施。

（2）基础设施改造工程

①农村厕所改造。为了更好地改善村民居住条件，以预防疾病传染、提高宜居水平为目标，按照"统一标准、统一设计、统一生产"的要求，以建设和完善"两池一洗"（化粪池、便池、冲洗设备）为主要内容，对农村厕所实施无害化的卫生厕所改造。

②农村厨房改造。以建设干净整洁卫生、满足基本功能、管线安装规范、烟气排放良好的清洁厨房为目标，以"五改"（改灶、改台、改柜、改管、改水）为主要内容，对农村厨房实施改造，整体提高农村厨房卫生整洁程度。

③农村畜禽圈舍改造。农村畜禽圈舍改造主要是针对人畜混居现象进行治理，以屋外建设独立畜禽圈舍为主，完善储粪房、沼气池或储液池配套设施，加强粪污处理力度和资源化利用。通过改造基本实现人畜分离，减少蚊蝇及恶臭，降低人畜共患疾病的风险，提高村民生活环境及居住舒适程度。

（3）构建和谐社会宜居空间

乡村建设的核心是要构建和谐的社会邻里邻居关系，营造人与人之间的温情关系。合理布局"功能区"，加大公园、绿地、休闲娱乐、开放式住宅小区等建设力度，同时要充分发挥农民主体作用，构建便捷的"生活圈"、完善的"服务圈"和繁荣的"商业圈"。这些建设需要多领域的团队，由专业的人士做出规划，包含地产商、设计师、文化学者等介入参与乡村整体建设，打造宜住、宜游、宜修、宜学、宜乐的乡村。

（4）建设乡村休闲产业基地

根据当地的风土人情和当地地域特色进行旅游定位，可以因地制宜，修建主题休闲中心，如高科技民宿、智能原生态养老养生农庄、主题农场公园、冰雪农村等。建立健全长效运营机制，引进人工湿地处理技术、氧化沟技术，建设沼气处理、微动力站处理等一批污水和粪便处理设施。着力实施节能减排、循环经济、绿色乡村、清洁水源、清洁空气、清洁土壤、森林系列创建和平原绿化等专项整治工程，推动农业与其他产业融合，大力发展乡村休闲、观光、养生、旅游，以及结合当地村民积极发展第三产业，比如农家乐、温泉度假休闲中心等度假产业，创造了极有利的条件。

（5）乡村标识系统规划设计

乡村标识设计不容小觑，特别是乡村旅游规划中，这是一个不可或缺的部分。标识系统是以标识设计为导向，与乡村本土文化、环境设计风格相结合，综合设计信息传递、识别、辨别和形象传递等功能的整体解决方案。通常分为识别系统、方向系统、空间系统、说明系统、管理系统。

①识别系统：以形象识别为目标，使人们识别出不同场所以及不同的生活方式。

②方向系统：通过箭头来表示方向，引导人们快速便捷地到达目的地。

③空间系统：以全面的指导为原则，通过地图来表示地点间的位置关系。整体告之空间状况，一般都绘制总体平面图。

④说明系统：对环境进行陈述性的解释和说明。

⑤管理系统：规范人们言行举止和责任义务等，提醒人们有关的法律条例和行为准则。

乡村标识系统设计一般可以结合自然，以自然界中的元素为主体。每个地区都有自己的自然特征，而每个环境的特征都具有地域性特点，自然环境造就的特殊地理位置和地形地势地貌是独一无二的。

2. 微观环境软件的基础建设

（1）健康医疗工程建设

农民健康医疗工程建设是指要完善农村公共卫生服务网络，根据农村的范围面积增设公共卫生服务站，完善其周边环境，保证交通畅通无碍。但是大范围下必须设计大型的医疗机构，以改变原先农民看病难等问题。这就要求各级政府要重视乡村卫生院财政和设施投入，还需注重对农村医护人员素质的培养，并提高其待遇，以稳定农村医疗队伍；同时要加强建设大型中心医院的建设，完善其工作人员及基础设施，使其逐渐接近城乡医院的医疗水平，以此方便重症病患者及时就医。

在就医上，与更多的大型甲级医院保持较好的联系，以便重大疾病病人可以接受更加专业的医疗水平和待遇。在制度上，落实农村合作医疗保障制度，加大对农村医疗机构的投入。

（2）农村教育设施建设

少年强，则国强。因此，加强农村小学基础设施建设，改善农村教育至关重要。针对农村教学基础建设不平衡的情况，在现有的资源基础上，必须有目的、有标准地做出合理的规划，进行全面摸底调查工作，进而找到适合自身的可借鉴的模式，逐步改善学校的硬件建设、校园文化建设，满足农村孩子对良好的教学环境的需要，让更多的孩子能够回到校园接受义务教育，学到更多的知识，为农村的发展奠定源源不断的人才输出的基础。

（3）通信网络基础建设

全力贯彻落实数字乡村振兴计划，以实际行动推动农村地区实现宽带网络和5G移动通信网络的全面普及，促进工业化和数字化之间的有机融合，为城市化进程注入推动力。为了促进工业化、信息化、城市化和农业现代化的协调发展，必须实现城乡一体化并推进农业现代化。另外，在促进乡村发展方面，改善电网是必不可少的基础设施建设项目之一。这项工作的完成有助于缩小城乡基础设施发展差距，并为其提供适应现代化发展需求的条件。同时，它还能为促进城乡融合创造良好的基础。要通过电商平台的优势，将农业生产、流通与销售相互结合，促进第一、第二、第三产业的有机融合发展。此外，有必要探索和尝试创新"农业＋互联网"的生产和组织模式，以加速农业的规模化和专业化发展，并促进田园综合体与共享农庄的协同发展，从而实现三大产业之间的有机融合。

网络基础建设具有前置性，是村庄规划设计的前提。其具以下特点：①全域性，单个村庄甚至乡镇资源有限，要从县域、市域等全域上进行产业策划，形成分工与合作，让村庄产业具有更大的发展空间；②地域性，基于村落文化、地域文化、区域资源的产业挖掘与产品策划；③现代性，互联网思维与现代商业模式重塑乡村产业；④全员性，可以激活农民的主体性，全员参与乡村产业振兴。

3. 乡村振兴基础建设的保障措施

（1）加大监管力度，规范收费行为

纵观我国民生民情，农村的基础设施依然相对薄弱，在医疗和教育领域，我国城乡仍有一定的差距。所以在医疗和教育方面，政府需要做的是推动农村基础设施建设优化升级。①优先发展农村教育事业。可采用东西部结合的方式，一线城市教师定期去中西部中小学实行"互帮互助教育，教育资源共享"。②加强农村居民生活保障体系，促进健康乡村建设。应使农村幼儿、学生、病患和老年人都得到更好的呵护，获得更好的学习条件、更好的医疗待遇、更好的养老服务、更好的住房条件等。政府和相关部门需加强监管，确保药品从生产到销售环节皆符合规范标准，坚决打击不实之次品、虚假翻新以及暗地里拿回扣的不良行为，维护药品销售的纯洁性，以使药品真正降价。除此之外，还需要加强对各级医院医疗收费项目的规范管理，以降低收费标准为主要目标，同时避免出现重复或隐性收费行为。要强化治理手段，对医疗机构实行费用监督，确保其严格遵守国家规定的药品价格和医疗服务收费标准，对违规行为要采取有力的打击措施。要培育医护人员的道德素养，倡导医德理念。

（2）促进城乡融合发展

为了促进新型农村发展模式的实现，我们需要探索更多的方法引入资金、人才、科技和管理等资源，并将其投入到农村地区，以实现工农互动和城乡相辅相成，促进深度融合，从而实现共同发展的目标。要通过实施结构性改革，提高农业供给的水平，并以优质农产品为核心推动农业持续进步。为应对农业发展中的现实矛盾，我们需要深化农业供给侧结构性改革，推动农业转型升级，逐步将发展重点由数量扩张转向质量和效率提升，进而促进农业大国向强国的快速转型。为了推动农村全面融合发展，我们需要加强第一、二、三产业的整合，积极培育新兴产业和业态，为农民增收创造机会，这也是传承农耕文化的新途径和载体。我们应该以生态优先的原则为基础，积极促进生态振兴，并平衡经济增长和环境保护之间的关系。此外，我们必须严格遵守生态保护的最低底线。在乡村中的老房翻新设计中，最重要的原则就是尽可能保留房屋原有的特色和历史文化氛围，并且应该综合考虑整个山水生态系统的治理效果，而不是单纯地进行全部彻底的变革。要加强对农村环境问题的整治工作，实施多项市场化的生态补偿措施，以提升农业生态产品和服务的供给质量。

首先，传承发展提升农耕文明，走乡村文化兴盛之路。要深入挖掘、继承、创新优秀传统乡土文化，把保护传承和开发利用有机结合起来，让优秀农耕文明在新时代展现其魅力和风采。

其次，城乡融合发展需要城市和农村之间相互交流、互相促进。为了实现城乡互补发展，城市应该向农村输出其资源和要素，包括资本、技术、管理、经济、社会和文化等。随着工业化和城镇化的不断发展，一些农村地区里由来已久的自然环境和人文历史相继消失，而另一些则得到了长期的保护和传承。为了实现乡村美丽宜居的目标，我们必须克服许多普遍存在于农村的问题，包括农业兼业化、农村人口老龄化和农村空心化等，还要以开放包容的心态出发，吸纳各种先进的生产要素，从而加快农业现代化步伐，助推乡村振兴。

（3）坚持建设生态宜居的美丽乡村

乡村振兴战略用"生态宜居"替代"村容整洁"，是乡村建设理念的升华，是一种质的提升。"生态宜居"四个字蕴含了人与自然之间和谐共生的关系，是"绿水青山就是金山银山"理念在乡村建设中的具体体现。

建设生态宜居的美丽乡村当然要加大对农村基础设施和公共服务的投入，但首先要更新观念，注重乡村的可持续发展，把农耕文明的精华和现代文明的精华有机结合起来，使传统村落、自然风貌、文化保护和生态宜居诸多因素有机结合在一起。其次要有可操作性的制度创新。

（4）坚持乡村人民为主体，尊重农民意愿

乡村基础建设的规划、项目、方式都要经过村民代表大会讨论。要鼓励农村能人带头进行乡村基础建设，广泛宣传农民自主建设美丽乡村的先进典型，激发全民参与乡村振兴的积极性。

（5）坚持多元投入，加大财政引导投入

在每个区县（市）内，有关部门应当设立专门用于乡村基础设施建设的资金。在县域范围内，要将所有农业相关项目的资金整合起来，其目的是通过获得省、市级的投资，促进乡村美丽建设的进程。要积极激发群众的自发性，大力动员农村居民踊跃提供资金和劳动。另外，要积极促进实施万企联村计划，鼓励企业和私人资本参与农村基础设施的建设，以实现投资手段的多样化。

（6）强化组织领导，建立完善各地乡村基础建设保障体系

我们应当不断提高对县域发展整体规划理念的重视程度，县区领导应亲力亲为地参与推进，可以考虑成立专业团队来实施具体措施。另外，需要制订可行的农村基础设施建设计划，以确保该计划的有效实施。乡镇党委政府在推进乡村振兴方面肩负着至关重要的责任，因此，乡镇领导班子应该不遗余力、持之以恒，发挥职能，全面提高乡村振兴的重要性和实施成效。

（7）吸引产业资本的基础和条件就是产业发展所需要的各项基础设施。这些基础设施不仅限于水电气，还包括后勤保障和服务体系。比如产品运输仓储、原料采购便利性等。工业生产需要大量工人以及管理人员，所以医疗服务、教育培训等就要随之跟进。同时还要改善人居环境。人居环境应该是乡村振兴的重要基础条件，现在的乡村在垃圾处理、农作物存储、能源使用、空间布局等方面还处于相对原始的状态。改变目前这种状况就要对乡村进行科学规划、合理布局。乡村规划面积有限，多在几平方公里的范围之间，所以不可能像城市那样非常明显地划分各种功能区的边界，而是在较为有限的区域内容建设比较齐全的所需功能，这就要依据乡村的自然特点，可以一村一规划，也可以将毗邻的几个村统一进行规划。

第二章　基于乡村振兴战略的产业振兴路径

本章阐述了基于乡村振兴战略的产业振兴路径，共包括三个方面内容，依次是乡村产业振兴的原则与意义、乡村振兴战略背景下产业振兴的理论依托、乡村振兴战略背景下产业振兴的路径探索。

第一节　乡村产业振兴的原则与意义

一、产业的基本内涵

（一）产业

1. 产业的含义

产业，到底是指什么，什么是产业？对于"产业"这个词的定义，我们可以从不同的时间、文化、地方和角度，对其进行特别的解释。随着社会的演变和进步，人们对于"产业"的理解也变得越来越精准和细节化。对于产业的定义，可以从两个不同的角度进行界定，即广义和狭义的角度。从广义上讲，产业包括国民经济的所有领域，如工业、农业、流通和服务等。换句话讲，产业是指涵盖同一区域内具有相似特征和活动方式的企业、组织或行业集合，如电气机械工业、食品制造业、造船业、旅游业和仓储服务业等。从狭义角度讲，在历史和政治经济学领域中，通常将产业视作工业。工业的重要地位体现在其与产业和整个经济社会的紧密联系上，因此产业和整个经济社会与工业相互依存。这说明有时候人们会把产业和工业这个词混淆使用。在产业经济学领域中，"产业"指的是国民经济的各种行业和领域的综合体，是该领域的主要研究内容。

2. 产业结构的分类

产业结构的分类方法多种多样。主要包括：第一，马克思的两大部类法，以产品的不同最终用途为划分标准，分为生产资料部门和消费资料部门，用来解释社会再生产是两大部类中产业间的实物和价值的比例平衡关系，但在实际应用中较为困难。第二，列宁以物质生产的不同特点划分的农业、轻工业和重工业的产业分类法，非常简单但没有涵盖所有的物质生产部门。第三，德国经济学家霍夫曼按产品用途划分为消费资料产业、资本资料产业和其他产业三类，为未来的工业化研究奠定了基础。第四，按产业发展的层次顺序及其与自然界的关系来划分的三次产业分类法，是被很多国家广泛使用的一种产业经济分析方法，用来解释经济发展的条件与结果，其主要内容有第一产业（直接源自自然作为广义的农业）、第二产业（加工自然物质的制造业或工业）、第三产业（能够提供物质财富作为广义的服务业），但存在内容描述过于笼统的缺点。

近年来，我国产业结构的分类得到了很大的改善。根据社会生产活动历史发展顺序划分三大产业，第一产业以自然物为直接生产对象，包括农、林、牧、渔业，指生产食材以及其他一些生物材料的产业；第二产业服务于第一产业，对基本材料进行加工处理，主要指加工制造业；第三产业范围面积较为广泛，是指除第一、二产业以外的其他行业，包括交通运输业、通信业、餐饮业、教育产业、公共服务业、其他公益事业等非物质生产部门。三大产业之间相互联系，相互制约，密不可分。

（二）乡村产业振兴

实现乡村产业振兴的关键是充分发挥自然和地理位置的优势，并紧密跟随市场需求，以满足市场经济需求为导向。要合理运用科学和技术，引领优化资源配置和产业结构的调整，以实现乡村经济发展的目标。随着农村向现代化农业转型，农民的收入逐步增加，使城乡收入差距缩小。这种变化还有助于全面推进农村经济繁荣，是一项行之有效的措施。

作为农村的基础，产业对于农村的振兴至关重要。具体来说，农业产业的繁荣可以成为推动农村发展的强大动力。要真正解决农村问题，必须从农业情况出发，通过促进农业产业的发展，促进整个农村经济的繁荣，实现农村的全面发展，有效推动农业现代化的进程。

二、乡村产业振兴遵循的原则

产业振兴要遵循"试点先行"与"逐步推广"相统一的原则。坚持试点先行，再逐步推广的方法，是保证重大改革推进的一个重要手段，意思是政府在推出一项政策或改革时，尤其是涉及关系较为重大的措施，应该先选取一个试点，进行局部探索，等在这个试点地区逐步摸透经验总结，搞清状况和获取资料，根据实际情况随时进行调整，再结合经验与政策进行大范围的推广。这样做能够避免由于政策的不成熟导致的不良影响，可减少大范围造成的严重失误，同时试点先行遇到问题时解决起来的损失要比大范围推广小得多，也比较容易解决，改革起来较为稳妥。

三、乡村振兴战略背景下推进产业振兴的重大意义

（一）乡村产业振兴是实现全面建成小康社会的推动力量

经济是一个国家的命脉，以经济建设为中心，关系到国家的兴旺和发达。在经济建设大局下行动，也同样适用于农村，乡村的振兴重点在于产业。全面建成小康社会要求全面性，同时也说明了其短板在于贫困人口和贫困农村。农村脱贫攻坚的彻底解决需要依靠产业的振兴，只有农民的收入得到提升，农村才能兴旺。因此，必须通过融合第一、二、三产业，优化农业产业结构，延长产业链条，提高农业创新能力，培育新型农业经营主体，发展农村特色产业，从根本上提高农民经济收入，创造就业，改善贫困生活，促进农村富裕，构建现代化农业。

（二）乡村产业振兴是满足农民对美好生活向往的有力保障

中国进入了一个新时代，经济建设、民主法治建设、思想文化建设、生态文明建设等各方面都取得了显著的成效，中国的面貌焕然一新，但是这其中还有很多问题不可忽视。城市在享受着改革开放带来的胜利果实时，农村依旧止步于落后的生活水平，城乡差距不断扩大，农村的农业基础薄弱，人居环境、基础设施建设有待提升，公共服务水准急需完善，这就造成农民对农村未来的前景和发展忧心忡忡，也慢慢失去了对美好生活的向往。为了让农民重新建立信心，乡村振兴战略的实施显得尤为重要。作为农村的根本，振兴产业是振兴农村的内在需要。

因此，要立足农情，以自身的独特地理位置和特色为优势，最大限度地利用自然资源，实施乡村的产业振兴，从各个方面提升农民的生活质量，切实改善农村的现状。农业是基础，要以农业产业的发展推动整个农村的经济发展，提高农业生产能力，构建第一、二、三产业融合发展体系，推进农村农业的现代化，从而实现农村的全面发展，满足广大农民对乡村发展的憧憬和对美好生活的向往。

（三）乡村产业振兴是实现民族伟大复兴的物质基础

中国是一个幅员辽阔的国家，自改革开放 40 多年来迎难而上，取得令人叹为观止的历史性成就。中华民族的伟大复兴包括国际综合国力增强、社会全面进步、祖国统一、能够在国际舞台上唱响中国声音等诸多方面。乡村产业振兴是立足于"三农"问题短板、城乡发展不平衡不充分等问题上的重大战略举措。中华民族伟大复兴的实现必然要以实现农业产业振兴为前提。国家的现代化归根到底是农业的现代化，农业的快速发展带动社会稳定，农业发展的速度决定着国民经济的发展速度。要始终坚持农业的基础性地位不动摇，大力推动产业振兴，是实现中华民族伟大复兴的物质保障，要坚定不移地把"三农"问题作为全党工作的重心，坚持农村农业优先发展。将农业大国转化为农业强国，是实现中华民族伟大复兴不可或缺的一部分。

第二节　乡村振兴战略背景下产业振兴的理论依托

一、比较优势理论

亚当·斯密是 18 世纪英国的经济学家，他的杰出贡献在于提出了比较优势理论，这对经济学的发展具有重要意义。大卫·李嘉图等经济学家进一步发展和完善了该理论，从而形成了现代重要的经济学理论——"资源配置"理论。他提倡的理念是，通过各国在绝对优势领域内的大规模生产和交换，最终实现互惠互利。

大卫·李嘉图敢于挑战绝对优势理论，我们可以将他的理论概括为"两利相权取其重，两弊相权取其轻"。最初，这个理论被称为比较成本贸易理论，但随后该理论逐渐演化为比较优势理论。这个原理类似于田忌赛马的思路，强调选取相对优势来获得最终胜利。

H-O 理论（即赫克歇尔 - 俄林理论）是在大卫·李嘉图的影响下提出的。瑞典经济学家赫克歇尔和俄林提出，比较优势的产生源于不同国家或地区在生产要素的分布上不尽不同。劳动力、土地、资源、资本等都属于生产要素。因此，各国可以依据其相对富饶的生产要素的优势，通过专业化生产并将产品出口到其他国家，同时进口自己相对缺少的产品，由此各国之间也就出现了比较优势。

根据比较优势的原理，实现乡村振兴需要充分利用当地自然资源的优势，同时要通过与外界力量的合作来推动乡村的发展。农村产业发展的水平是决定乡村振兴计划能否成功的关键因素。农村产业的发展离不开自然资源，因此我们可以运用比较优势理论，推进该领域的地域分工和专业化生产，利用农村地区的独特区域优势来培育独具特色且难以模仿的地方性产业。

二、竞争优势理论

哈佛大学商学院教授迈克尔·波特在企业竞争战略理论领域具有很大的影响力。首先，他创建的竞争优势理论对于传统的 H-O 理论来说是一个伟大的创新。他以动态的、非特定化的视野把决定竞争优势进行了整理和归纳，分别是要素状况、需求状况、相关支撑产业及企业战略、结构与竞争四类决定性因素。其次，他把公司的战略、组织和竞争作为另外两种外部力量，这在国际上是一种新的贸易理论和政策。波特认为对一个在贸易上占领优势的国家来说，成功因素的归纳是一个相对复杂、综合的结果，不只是取决于这个国家拥有的自然资源、劳动力、汇率等，也不能仅仅通过继承获得，而是发挥产业创新的作用。极具影响力的发明可以带动着国家产业的发展。除了产业和企业理论，在国际竞争上，波特还创造了国际竞争优势的钻石体系的架构。

三、产业集群理论

产业集群理论于 20 世纪 20 年代作为一种经济理论出现，源于对区域经济增长问题的研究和思考，侧重于产业集聚方面的解释。该理论的代表人物马歇尔在其《经济学原理》著作，提出了外部经济观点，意思是将扩大企业的生产规模行为作为正确的外部性或溢出效应，这一行为会对本产业相关的所有企业产生巨大的推动作用，而且还能促使集聚关联企业获得信息和运输上的优势。德国经济学家韦伯在《工业区位论》中深入研究区位论思想，并成为第一个提出集聚经济这个概念的人。他认为集聚产生的经济效益是通过扩大生产规模和同一地点的企业集群两种方式为企业增加收益和节省成本。

借鉴产业集群理论，乡村产业振兴要建立独特的农业产业集群。农业产业集群就是社会分工逐渐细化、专业化程度不断提高的一个组织经济发展的创造性活动，各主体之间地理位置相邻，在相关的产业领域，集群内部各主体参与互动，农业产业的空间布局相对集中，各经营主体相互联系分工协作，优势互补，逐步实现产品、功能、结构的升级和优化，形成既合作又竞争的强劲局面。

四、可持续发展理论

可持续发展理论是指满足当代人需要的同时，也满足后代人的需要，不能对其需要的能力构成威胁。可持续发展理论的发展过程较为长远。在20世纪五六十年代，经济迅速发展、人口增长、环境破坏等巨大压力的背景下，1987年，联合国世界与环境发展委员会发表了一份名为《我们共同的未来》的报告，并在报告中就环境与发展问题做出了全面阐述和说明。这是第一次正式地提出了可持续发展的概念。"可持续发展"这个词最初起源于生态学的词汇中，其灵感来自地球环境是否能够接受超出负荷的运转。所以，可持续发展被视为一种以保护生态系统完整性为基础实现的发展模式。这一理论的目的在于促进经济、环境和社会三个方面的可持续发展，鼓励平衡和公正、高效运营和多元进步。为了达成可持续发展目标，我们需要协调上述三个方面的可持续发展，并将它们统一融合成一个共同的目标。虽然我们重视经济发展，但我们也必须认识到环境有其极限，因此，我们必须遵循协调发展的理念，必须保障自然环境的健康可持续发展。该理论核心包括资源持续利用理论、外部性理论以及财富代际公平分配理论。

乡村产业振兴需要兼顾经济和生态环境关系，要以可持续发展理念为指导。在农村推动产业发展时，必须把环境保护和资源利用列为首要任务。虽然经济效益至关重要，但经济发展质量的重要性更为突出。因此，我们应该努力寻求投入、消耗和污染均较少的方法，致力于促进社会的可持续发展，从而实现生态和经济的有益循环。另外，我们应该在农村产业发展中注重资源的可持续利用，减少浪费和污染，以确保人类社会长久、稳定地发展。

五、农业产业化理论

虽然海外没有直接采用农业产业化这一术语，但实质上，其所包含的概念与这一概念相似。这个概念可以追溯到20世纪50年代的美国，随后在日本、西欧各国和其他国家得到了广泛的推广和发展。这种生产经营形式，如今被称为农业一体化或农业产业一体化。"农业一体化"或"农业产业一体化"（Agricul tural integration）指的是在农业生产全过程中，将农业生产部门和其他涉及经济的部门相互结合起来。在市场的引领下，农业产业化在西方国家蓬勃发展，形成了独具特色的产业链条体系，并不断完善壮大。

参考农业产业化的理念，乡村产业振兴需实现农、工、商的一体化发展。政府需提供相应的指导和支持，并利用当地农业资源，推进相关农产品加工和现代商业经营模式的实施与完善，以促进乡村产业链的全面发展。

第三节　乡村振兴战略背景下产业振兴的路径探索

一、优化产业链条构成要素，推动第一、二、三产业融合发展

（一）提升从业人员整体水平，培育新型农业经营主体

我国农业生产实践能保持平衡稳定的发展，合理内核在于农业产业活动中各要素之间的和谐统一。重构专业化、组织化、社会化、集约化的新型农业经营体系，是发展现代化农业的客观需要，关系到现代化农业的发展方向，关系到是否能彻底改变农村的落后面貌。农村产业的融合发展要求具有雄厚的经济实力、强大的经营能力和农业的生产规模。可以通过新型农业经营主体的组织和引导，集中规模较小的个体农户，转变为直接参与或间接参与的农业经营主体。新型农业经营主体较传统的农业经营主体有本质上的区别，培育了农民合作社、家庭农场、专业大户等新形式，在家庭承包经营的基础上，以提高农业生产力、壮大集体经

济实力为目的，调动农民的生产积极性，适应快速发展的社会主义市场经济体制，建立起一个集专业化、组织化、社会化为一体的现代农业生产经营组织形式。新型农业经营主体的建立有利于保障我国农业的健康发展，更好地推动农业现代化。

1. 因人而异实施层次培训，提升经营主体综合素质

农民的现代化决定了农业的现代化。调查研究发现，由于青壮劳动力大量流失，传统的农业经营主体以妇女、老人为主，受教育水平普遍较低，经营规模小，经常处于亏损状态，这一现状迫切需要发生改变，哟啊全面提升新型农业经营主体的受教育水平，吸引更多年轻人参与到农业生产活动中来。有文化、掌握现代农业生产技术的高素质新型农业经营主体，能快速提高农业生产效率，发挥积极性和创造性；政府相关部门也应加大扶持力度并正确引导，完善对农业从业人员的培育政策，突出培养重点、拓宽教育培训途径等加强对农民的职业教育，同时还要通过资金激励手段鼓励优秀人才回到农村创业

2. 整合低下经营模式，推动优势经营主体发展

根据规模经济理论，一定时期内，农业适度经营规模的扩大有利于提高利润水平，解决农户生产方式效率低的问题。传统经营模式小且分布零散，无法进行机械化作业和标准化生产。为提高农产品的竞争地位，提高农民收入水平，必须走集约化、规模化道路，将土地从劳动力较弱的农民手里转移到龙头企业或农业大户里来，提高资源利用率，释放更多的土地用来扩大生产规模，进行现代化生产经营模式，从根本上解决"大市场"与"小生产"之间的矛盾。

（二）突破第一、二、三产业要素束缚，完善融合保障体系

1. 突破"地"的要素制约，充分保障土地供给量

由于农村土地资源十分稀缺，农村土地的利用需求日益增加。除了确保耕地面积不受影响外，我们还应重视扩大农村产业用地，这是实现乡村振兴和农民增收的关键所在。有效利用现有土地资源有助于缓解用地争夺压力。笔者建议，政府和相关部门应实施土地整理计划，以改善和强化新增建设用地的供应机制，并优化农村土地利用的布局。土地规划的制定需要综合考虑农村第一、第二、第三产业的有机结合，以促进农村产业的发展。在挑选用地时，应优先考虑符合农村产业需求的用地，如旧工厂、医院、学校等。政府应该充分利用农村的资源潜力，

并合理利用未被使用的土地，以实现对土地资源的高效利用。为了推动土地流转机制的发展，政府可以采取多种措施，例如提供财政支持、出租和参与股权投资等方式，以提高农民的积极性。

2. 突破"钱"的要素制约

要有效利用政府经费吸引社会资本，并拓展多样化的抵押贷款选择。要致力于推广农村土地承包经营权和农民住房财产权抵押贷款试点，并鼓励农民将闲置的财产变成活跃的流动资产。政府应当改善投资结构，促进农村的三大产业在固定资产方面的融合发展，从而规划出一个具有牢固的基础、可持续发展且对整个社会产生深远影响的宏伟计划。为了推动乡村振兴，政府需要带领有关人员改良农业基础设施、优化农业补贴政策，改善资金流动和融资环境，以满足农村金融需求，同时这也能激发农村资源和财产的金融活力。

3. 突破"人"的要素制约

首先，要健全人才培养体系，加强对农民进行教育，培养出一批掌握先进农业技术和现代化管理知识的新型农业专业人才；其次，政府相关部门下发文件或政策鼓励有知识、高素质的年轻人投身于乡村振兴，并给予优惠保障政策，尤其在人员编制、工资待遇、人才流动等方面给予制度上的保障，加快完善农村的公共配套服务，改善农村生活环境，享受与城市一样的生活品质。

（三）健全第一、二、三产业利益联结体系，保障农民合理收益水平

由于利益联结机制不紧密，农村三大产业融合发展的进展会遇到阻碍，这影响了农业产业化经营的顺利进行。在现代农业产业化的过程中，如何平衡多方利益是一个重要的问题。制定公平合理的收益分配政策，能够有效缓解领军企业和农户间不平衡的利益矛盾，推进小农户和大市场合作，进而减少矛盾的出现，这对于现实的重要性不可被低估。以下是具体的政策实施方案。

1. 建立风险防范保障制度

农业生产受自然条件影响呈现不稳定性，积极实行农业保险、农产品收购保护价（保证高于市场收益），可以将市场价格波动或自然灾害所造成的损失降到最低，提高企业与农户的风险防范能力。

2. 鼓励发展合作制和股份合作制

与企业达成农业合作股份协议，并制定公平合理的股息分配方案。农民可积

极投入劳力、资金、土地和技能，并参与企业的股权分配和管理，以推动农业生产盈利、促进企业发展，同时也赢得相应的收益。这将激励农民积极投入生产，并实现个人成长，从而形成一个共同分享利益和风险的利益团体。一般情况下，领先企业很难直接与散户农民接触，但可以通过建立农业协会来推动合作，并采取"企业＋协会＋农户"的合作模式。这种合作模式能够同时维护农民和企业的财务利益。

3. 建立健全监督约束机制

农产品购销合同的签订，要以平等互利为原则，严格规范合同内容，防止出现违约情况。同时，企业和农民应该达成共识，确保双方的合法权益得到保障。要建立严密的利益协调关系，各方需明确自身责任，并从松散的市场交易关系中转变而来。要促进购销合同的完善，并加大惩罚违约行为的力度，从而使各方主体的行为更加符合规范。

二、发挥地方优势，发展乡村特色产业

（一）强化质量安全，培育农业品牌

想要使特色农产品能够赚取市场利润，建立品牌是非常有效的策略之一。在推进特色农业发展的过程中，应当重视提升产品品质，追求经济效益。同时，要着眼于品牌建设，以此推动农业发展。并且，要根据生产实际，逐渐发展一套标准化的生产体系，以使我们的特色农产品符合国际、国家、行业、地方、企业等方面的标准，并努力实现全方位的覆盖，从而确保生产过程的标准化。

1. 强化质量安全，全程标准化技术作业

就农业生产现状而言，不同地区农村的生产方式迥异，缺少统一规范。为实现农业现代化，我们应根据各地区的独特条件和优势，制定规范化的操作方式，从而提高工作效率、增强农业生产力和提升农产品产量。农业标准化是针对农业这一领域的实践，要通过一系列协调一致、合理规范的活动，确保农业的合理实施和需求得到满足。换句话说，要以保护环境为前提条件，在满足市场需求的基础上提高农民的收入。在具体实施时，要大力推广符合国家标准的农业技术。实现农业标准化，能够让先进科技被更好地应用于生产力的提高上。

农业标准化是一种有效的手段，可以提高农产品的质量和安全性。在农业标准化的实践中，整个生产过程都要严格按照国家标准进行操作和规范管理。此外，可以通过新闻媒体、互联网等透明化手段，向消费者展示农产品的生产过程，以此加强对农产品的宣传，提升农产品的市场竞争优势。

2. 培育农产品主体品牌

农村产业的长期生存和发展与品牌密不可分，品牌在其中扮演着核心角色，发挥着至关重要的作用，维护着整个生态系统的长远发展。举例而言，为了让中国消费者更愿意接受和信任其品牌，可口可乐公司在本土化的过程中，投入了许多时间和精力去设计适合中国市场的品牌翻译名称。最终确定的品牌名称易于让人记忆且顺口，同时也充分适应了中国市场的文化背景。可口可乐在中国取得产量第一的重要原因之一，就在于他们付出巨大的努力创造了一个优质品牌，并通过电视广告推广，打造出了独特的品牌形象。

尽管品牌价值无法直接呈现，但其无形资产对企业的影响是非常重要的，不可忽视。同样的，农业产业的发展也需要增强品牌的规模和实力。刚开始推广农产品时，我们要积极宣传，利用网络和不同的活动形式来提高主题品牌的知名度，以此建立良好的社会形象，这将有助于加速农产品品牌的发展。同时，农产品主体品牌需要打造出有个性化的品牌形象，以增强消费者对品牌的信任感。这样一来，不仅能够提升农产品的销量，也能让农产品更好地符合消费者的消费动机。

在农业产业中，品牌建设对于推动其发展起着至关重要的作用。为了建立农产品品牌，农产品企业需要充分考虑本土地理环境和特有的价值，并联合各方力量，打造充满地方特色的品牌产品。在促进乡村振兴的过程中，有必要重视挖掘并传承品牌历史，同时要遵循本地乡村规则，结合地方具体情况深入挖掘当地特色，保护和传承卓越的传统文化，进而探索适合乡村发展的特殊振兴路径。

（二）深入挖掘当地特色，重点发展特色产业

1. 以政府执法部门前瞻统筹视野，布局具有属地特色的引领产业

政府应明确自己在农业发展中的职责，并加强对农业市场的监管和指导，以确保市场秩序始终维持良好运行的状态。同时，政府应该积极支持农业科技的创新，鼓励并保护农业知识产权。政府应该简化农业项目的审批程序，减少烦琐的

操作，并通过提供特色农产品的资金支持、降低不合理的农业税费以及全面协助农产品企业的方式，帮助相关企业实现规模化经营，强化其竞争力，从而促进农业企业的整体发展。

2. 以市场潜在发展趋势为引领，培育未来能满足市场需求的潜力产业

要紧密联系市场，根据市场风向培育和塑造品牌，坚持"健康"与"绿色"发展观念，将潜在的资源挖掘出来，同时还要延伸和完善特色农业产业链条，扩大特色农业规模，加大农产品的宣传力度与推广，加快推进农产品产地市场体系建设，加强农产品的冷链仓储、分拣、装卸、配送等工作，减少农产品流通损失，提高农产品附加值和市场竞争力。

3. 结合区域产地独特环境，开发极具地理特色的优势产业

特色农业是现代农业的一种表现，要立足区域独特的地理环境，将资源优势转化为产业优势，科学的选择和开发具有地理特色的优势产业，如燕山的板栗、太行山的苹果、邯郸鸡泽的辣椒、赵县的雪梨等。同时，利用技术创新，建设规模化、标准化的农业示范基地。

（三）加大监管力度，有效规范特色农产品市场

1. 实行农产品市场准入制度

监管农产品质量是为了确保消费者的健康安全，预防出现质量问题。实行农产品市场准入制度能够有效地筛选出合格的农产品，并确保它们在投放市场之前已经经过专业机构的认证和检测。产品若不符合国家规定或未通过质量检测，则不允许在市场上销售。也就是说，这个制度坚持"标准严格，准入严谨"，对市场保持开放的同时，按照标准严格准入，不合格产品将被强制退出市场。为了获得上市许可，产品需要满足规定并提供必要的信息，比如生产地、生产者、保质期、产品质量等级等。这样，相关部门与广大消费者就可以全程监管农产品的质量问题。

2. 建立健全农产品质量监管体系

为了确保农产品质量得到准确检测和高效处理，在制订详细的检测计划的同时，我们需要升级检测设备、检测机构的精确度，并对大规模农产品批发市场和农贸市场进行质量检测。除此之外，还要协调各政府机构的资源，强化对农产品

质量和安全的监管，并采取相应的惩罚措施。为了保障消费者的安全，如果农产品未能达到规定的标准，必须按照法规程序进行销毁或加工处理，以消除潜在的安全隐患。此外，我们还应该注重与农产品监管机构的协作，并为其提供充足的人力、设备、场地和资金等资源。并且，要在规模较大的农产品批发市场或专业检测机构设立农产品质量安全告知牌，供公众随时查阅相关信息。公示板上须详细标明农产品的名称、产地、质量等级和检测结果等信息，并需定期向公众公开展示。

3. 实行农产品质量安全责任追究制度

在销售农产品之前，企业应承担起责任，确保所出售产品的品质和安全性，以保障消费者的权益并维护市场的正常秩序。农产品检测机构必须记录相关资料，以便查核可能存在的安全和质量问题，并承担相应的责任。政府和其相关机构应分工合作，采取更强有力的措施，以制止那些违背农产品质量安全承诺的行为个体。对这类人，政府及有关部门要按照相关规定实施法律制裁并追究他们的法律责任。

三、多措并举，巩固农业支持保护力度

（一）多渠道筹资，夯实资金支持力度

1. 完善财政支撑，加大财政支农政策

农村财政支农所占比例较低，城乡发展依然存在较大差异，严重影响了农村经济的活跃度，政府应依据市场发展情况作出合理的资金流动和安排。首先，应适当放大财政投资政策的即期扩张效应及中长期维护与推动效应，加大对农村的资金投入力度，从城市建设向农村基础设施建设稍作偏移，尤其要加大农村的科技创新支持力度，各地区在实行财政支农政策时注意因地制宜，制定科学合理的方案；其次，要深化农村税费体制改革，增加农民可支配收入，减轻农村企业或农户的非税负担，整顿政府收入机制；最后，要适时调整好财政政策，积极的财政政策能够促进农业结构的调整，增加整个社会的财富。

2. 完善金融支撑

除积极的财政政策手段，农村产业的发展还应发挥政策性银行的政策导向

作用，改善农村融资环境，通过实地调查研究，并结合当地的金融政策及其发展特点，开发和创新金融产品，同时，要加强对金融产品的管理，避免管理人员为提升绩效滥用职能或欺诈农民等现象的产生；政策性金融机构应加强与政府发改委、财政局等高层机构的交流，实行信息共享机制，做好金融资源和信息的协调整合，改善乡村信息闭塞、信息共享机制不健全等问题。

（二）多层次科技输血，发挥科技振兴作用

1. 与高校建立联系，各取所需

广大农村以传统农业为主，生产方式极其落后和单一，很大程度上造成了农业带动经济的发展模式。因此，应以乡镇为单位，通过培养具有较高素质与技能的农技人员来改善农村这种现状。

建立产学研合作关系，也就是把生产、教育与科研结合起来，企业、高等院校及科研单位分别将自身的资源优势集合起来，因为他们具有不同的社会分工。首先，与高等院校等进行合作，他们可以为农业生产创造出新的生命力，通过技术创新促进农业生产力的发展，实现生产过程的升级。其次，农业生产与高等院校建立密切联系，可以为高校学生提供实习机会，将所学知识运用到实践，企业也可以通过这种途径找到人才。

2. 鼓励企业内部自主创新

企业内部的自主创新，大到关系国家的命运，小到决定农村产业的健康可持续发展。完善技术创新激励机制，健全企业创新体系。技术创新对一个企业及其一个产业的发展都起着至关重要的作用。企业要想长久立足，就必须从提高科技创新能力入手，这时在企业内部设立专门的技术中心就显得十分迫切了。企业技术中心可通过有效地整合全体技术人员，使产品得到全方位的监督，在保证了质量的同时，也有效地提高了生产力。

企业技术中心作为一个高层次、高水平的技术组织机构，需面向市场，准确地获取和分析市场信息，围绕市场需求，以技术创新为手段，负责产品、材料、工艺、装备的长期研究，不断开发出竞争力强、市场前景广阔的先进技术成果，为企业制定核心技术创新的目标和规划。

3. 积极引进外部先进技术

一个地区的农业产业在资金充裕、时间允许的情况下可以慢慢去自主开发新

技术，但是资金短缺和时间紧迫往往是大多数农村地区都存在的问题。从实际情况来看，积极引进外部先进技术是一种投资少、快捷且有效提升本地区技术水平的途径，可减少重复研发的时间。在新技术引进之后，要注重新技术的消化与再创新，避免短期化思想，从长远发展考虑，在满足于引进外部优秀技术带来的短期经济效益时，不可停滞不前，更要投入比以往更多的时间、精力和资金在后续的技术研发中。通过积极引进、消化、吸收再到创新的一个过程，缩小与其他地区的差距。

例如，配备必要的软硬件设施，学习先进的管理制度，开展一些有利于技术创新开发的讲座、技术展览或交流会等活动，在吸取优秀成果的同时，拓宽对技术知识的学习程度。

（三）全方位健全产业振兴机制，营造制度振兴氛围

1. 建立健全城乡融合发展体制机制

党的十八大以来，农民收入持续增长，农村社会和谐稳定，但农村发展不平衡不充分问题依然突出，重塑城乡关系，走城乡融合发展之路显得尤为重要，要坚持以整体谋划、重点突破、因地制宜、循序渐进、共享发展为原则，以城乡全面融合、共同富裕为目标，推动人才、土地、资本等要素双向流动，为乡村振兴注入新动能。

2. 建立城市人才入乡激励机制和人才保障机制

吸引优秀年轻人回到农村发展，关键在于优化人才引进条件。农村振兴需要一支懂技术、有能力的人才队伍，要善于挖掘本地区优秀人才，并且为优秀人才的回乡之路做好后续保障工作，让他们在农村看得到发展和希望。同时鼓励高校毕业生参与基层管理，为农村注入新的活力。

3. 加快推进农村金融组织体系的健全

目前我国农村金融体系建设已较为健全，但从全面振兴农村产业来看，还有一段距离，因此必须加快完善金融组织体系建设。通过金融机构分工协作支农、推动金融互联网平台、鼓励小额信贷公司转型等措施，优化金融服务机构的技术水平，提升金融服务能力，加强农村信用环境建设。

四、突出产业集群效应，确立独特的核心竞争力

农业产业集群就是农业发展到一定阶段的标志性形态，是社会分工逐渐细化、专业化程度不断提高、社会不断进步的现象，是一个组织经济发展的创造性活动，代表着农业这个基础性产业告别传统进入现代化阶段，并由低级到高级不断发展的过程。产业集群的各主体之间从地理位置上看是相邻的，在某一个相关的产业领域，集群内部各主体参与互动，农业产业的空间布局相对集中，各经营主体又相互联系，分工协作，主体间存在共性且优势互补，快速提高经济效益，逐步实现产品、功能、结构的升级和优化，形成既合作又竞争的强劲局面。

（一）重点培育区域龙头企业，发挥标杆企业引领作用

由于深受传统观念熏陶，农民一般更倾向于过一种独立自给的生活方式。然而，这种思想已与社会快速发展的脚步越来越不契合。因此，要支持所在地区内的优势企业发展壮大，促进农业产业的现代化升级，由此实现农业产业结构的优化调整。这既能够带动农业经济的全面提升，增加农民的收入，又能推进农业的现代发展。

首先，贯彻集中扶持政策，需要先评估当地的产业情况，挑选适合的小中型企业，并采取并购、合并、融资、控股等措施，鼓励这些企业进一步整合和壮大，以形成更大规模的企业。需要注意的是，这些被挑选出来的企业要符合国家产业规定，拥有优越的地理、商业和经济条件，具备国际竞争力和强大的牵引力，这样才能引领整个地区向前发展。

其次，在龙头企业确立领先地位后，应该对农产品加工的各个环节进行持续跟踪，并在有选择性的基础上给予帮助。要改良传统的农业加工方法，提升深加工农产品的技术水平，并采取多样化的商业模式。要针对龙头企业开展相应培训，促进技术创新，鼓励企业员工使用最新的技术和工艺，并改进生产设备。当然，除了注重经济发展，我们也要强调环境保护，要不遗余力地积极传播治理污染的观念，并加强金融支持和优惠政策。要积极与市场、基地和农户进行紧密合作，促进规范化的基地建设，并在需要时及时扩大规模以适应发展需求。更为重要的是，要不遗余力地掌握最新的信息技术，促进网上交易城、电子商务平台和物流配送中心等领域的建设发展。

最后，要以订单方式为主，将企业与农户建立一个相对稳定的生产销售关系，共同发展，相互依存，促进农业的转型升级，逐步形成产业化、规模化的现代化农业生产。

（二）深度整合集群资源，汇聚规模经营优势

1. 建立权威的行业协会，提供社会服务保障

从现阶段来看，农业服务机构的数量较少，而且服务质量良莠不齐。为了促进农业产业群体的发展和提升，我们需要创立一个可靠的行业协会。行业协会主要致力于向其成员提供全方位的业务支持，包括但不限于经济、营销、产业和市场信息管理方面的专业帮助，以及技术培训、推广和教育等多种形式的支持。行业协会同时与政府、农民、农户、市场等各方面保持密切联系，并对集群主体进行监督。这些职责的目的是为了应对农村产业发展中的多种问题，比如缺乏及时获取市场信息、生产方式单一、技术不先进等，以促进农村产业发展并赋予其新的活力。农业行业的行业协会形式多种多样，包括但不限于农民合作社、中间商、涉农产品协会等。在发达国家，行业协会已经被广泛推广开来，其前提条件是确立符合产业发展规定的标准和规章制度，以便管理和监督农业产业集群内的各个主体。这具有极其重要的意义。行业协会的建立与其作用的发挥可以推动农业行业朝着工业化、市场化和大规模化的方向发展。然而，仅仅依赖农户个人的力量，很难达成农业产业化的进展。因此，政府应该积极支持农业的发展，不仅要设立农业协会等服务机构，还应该采取规范引导的措施，以提供必要的支持。这种支持的范围不仅限于推进农民采用先进的生产技术和管理模式，还要包括其他方面的帮助，如建立农业信息互联网络，以推动数据和信息资源的共享，或调整和升级农业的产业结构。这将提升农民增收、加强政府的有效管理，创造双赢的局面。

2. 积极鼓励农户参与建立专业化生产基地

农业生产与发展的中心在于农户，农业产业集群的形成得益于他们的广泛支持和不懈努力。政府和行业协会的指导和鼓励能够促使农民积极参与农业生产，使得他们成为乡村振兴的重要推手。为了提高农民的整体收益和经济增长速度，我们应该充分利用农民的资源，如资金和土地，要鼓励他们参与企业投资并分享经济利益。这种做法不仅能够满足农民的经济需求，同时也能够激发他们的动力

和积极性，从而提高他们的基本收入。另外，为了满足龙头企业的需求，农民需要发自内心地推动建立起专业化、标准化、规模化的生产基地。龙头企业和服务行业协会应该承担领导和引导的职责，确保及时传递市场上最新的消息和技术趋势，从而为经营活动提供必要的基础设施支持。建立这样的专业化生产基地，可以增强当地农业产品的市场竞争力，可以加大地区内农产品的影响力，有助于推进农业现代化进程。

（三）建立规范的土地制度，积聚蓄势待发能量

现阶段，城市化已经进入了中后期。要促进农村改革，必须妥善处理农民和土地之间的关系，并建立一套规范的土地制度。在坚定支持集体所有制的同时，也应当充分尊重农民的土地承包权。除此之外，我们还需要推动和支持土地经营的自主性发展。在这些任务之中，最为重要的核心内容是推动实现农村土地"三权分置"。这些措施对于促进农村经济活力的增强和推动农村产业的全面振兴发展具有重大意义。

1.合理、有序地推进土地流转工作

要推进现代化农业，土地流转是必不可少的一环。它不仅是乡村振兴的关键，而且是规模化农业经营的基础所在。政府应主张并支持农民将零散的土地租赁或出售给新型农业经营实体，如合作社、专业农户和领头企业等。政府可以通过补贴、租赁和参与等途径，积极促进该进程的推进。这一做法有助于提升农民参与土地流转的积极性，同时也能做到始终秉持农民自愿的原则。保障农民掌握土地产权和规模化流转的相关信息以及监督权，是非常关键的，这将促进农业行业体系的现代化建设，并推动农业向高品质、大规模和集约化方向发展。

2.推进土地承包经营权有偿退出机制

2015 年 8 月，国务院办公厅发布了《关于加快转变农业发展方式的意见》，其中提到应优先考虑农民的愿望，并建立以农村集体所有制为基础的试点，通过有偿退出土地承包经营权来促进农业发展方式的转变。2017 年 2 月，根据中央一号文件规定，针对那些因资源回收而失去土地承包权的农民，有关部门应当提供相应的补偿措施。研究有偿退出土地承包经营权的流程，有助于提高耕地利用效率、增强土地的效益，并促进现代化农业的发展。我们需要在处理农村土地承包

问题时慎重考虑，以满足那些渴望过上城市生活、获得稳定收入并照顾家庭的农民的需求，从而缩小城乡差距。为了解决这个问题，有必要将土地租赁权以有偿方式归还给村集体或那些确实有实力耕种的农民，同时也要考虑到农民所面临的"三账"问题，该问题包括离开农村后的生活成本、在城市里的就业安排以及未来的退路规划。在实施此类政策时，应当遵循规程，并充分考虑农民的意见和观点，保障农民的权益，任何人或机构都无权强迫农民放弃他们土地承包以及宅基地使用权。

第三章 基于乡村振兴战略下的农业现代化

本章从乡村振兴战略角度出发，对农业现代化进行了详细阐述。主要内容涵盖三个方面，即中国式农业农村现代化、农业现代化与农业产业升级、乡村振兴战略下的农业现代化对策。通过对这些方面的分析和探讨，能够深入了解农业现代化在乡村振兴中的重要性和作用。

第一节 中国式农业农村现代化

一、中国式农业现代化的基本特征

在党领导下中国人民经过百年奋斗独立摸索出一条正确道路——中国式农业现代化道路。中国式农业现代化坚决抛弃以资本为核心的农业现代化、缺乏精神内涵的农业现代化以及以自然资源穷竭耗尽为代价的农业现代化等传统路径，形成了独具特色的中国式农业现代化的基本特征。这一特征的形成是在与中国国情相契合的基础上逐步发展起来的，经过实践的检验和逐步完善。这种中国式农业现代化的道路为我国农业的可持续发展和乡村振兴提供了宝贵的经验和指导。

（一）中国式农业现代化发展的原则

1. 坚持以人民为中心

我国坚持以"人民为中心"的原则，决不走以损害广大农民根本利益为代价的农业现代化道路。西方资产阶级在农业现代化初期对农民进行了残酷的剥夺。西方资本主义的发展历程，是以资本为核心的逻辑主导推进的。农民的房屋和居住地被强行拆除，农民被迫离开自己的土地。这种剥夺使农民失去了生存和发展的基础，严重损害了他们的权益和尊严。马克思表示这深刻揭示了西方农业现代化神话的虚伪本质，实际上是原始积累的"田园诗法"。那些被剥夺的农民，在城市工业尚未提供足够的就业机会之前，一直是无家可归的流浪者。西方资本主义国家借助国际分工和贸易的发展，将不发达国家变成附属农业国。为了降低城市工人的工资，他们以低廉的价格提供粮食。这种做法是为了维持西方资本主义的利润积累，但却给农民和发展中国家带来了巨大伤害。这一现象揭示了西方农业现代化背后的利益驱动和不公平规则。

如今，农业在西方资本主义国家中扮演着重要角色，成为其对外贸易的关键领域。这些国家通过对外农业投资和土地耕种，将农产品销往世界各地，以获取巨额利润。然而，从始至终，粮食安全和国际民生并不在西方农业现代化的考虑范围内。西方的农业现代化是为了农业资本的增值，而并非出于满足本国人民甚至全球人民的粮食需求，从而导致国际粮食生产面临危机和风险，这一问题也传导到世界各地。相比之下，中国式农业现代化坚持以人民为中心的理念，将保障中国人民的生存和发展需求置于首位，满足人民的饮食需求成为首要任务。

中国注重自给自足，确保粮食安全，并积极推动农业可持续发展，以应对不断增长的人口和日益变化的需求。中国的农业发展模式不仅关注本国人民的福祉，也为全球农业合作与可持续发展树立了榜样。

2. 坚持人与自然和谐共生

我国坚决不走"先污染后治理"的农业现代化道路，时刻坚守着"人与自然和谐共生"的原则。正如马克思所指出的，合理的农业与资本主义制度是无法相容的。资本主义破坏人与自然的联系并造成了严重后果。它既积聚了社会的历史动力，又破坏了人与土地之间的物质交换。

资本主义对农业生产中至关重要的自然要素——土地造成了破坏。这是因为资本主义农业的进步只是剥削劳动者和剥夺土地的技术的进步。在一段时间内，任何提高土地肥力的进步都伴随着破坏土地肥力长期来源的进步。土地私有权使资本的短视行为更加无所顾忌。由于土地不属于租地的农场主，租地农场主为降低在租期内无法收回投资的风险，便不顾一切地掠夺土壤肥力，这不利于土地的长期投资和改良。因此，我们需要寻求一种新的农业发展模式，注重土地的长期保护和可持续利用，使农业能够在长期发展中保持土地的肥沃和生产力，以满足人类的粮食需求。

中国坚持"人与自然和谐发展"的理念，严守生态保护红线，筑牢绿色发展底线。第一，高度重视农村在生态保护中的屏障作用。通过加强农业面源污染治理、长江黄河的整治以及实施生态修复工程，建立了山水林田湖草系统治理制度。第二，致力于建设美丽乡村，努力打造"三生空间"。为了改善农民的居住环境，积极推进农村厕所革命和垃圾分类处理工程，确保农村的居住环境清洁整洁，提升农民的生活水平。通过这些努力，我们旨在实现农村与自然的和谐共生，为农民提供宜居的生活空间，同时保护生态环境，推动绿色可持续发展。第三，践行"绿水青山就是金山银山"的理念。当农村的生态环境得到改善，土地将变得富饶，生态系统将成为经济的支柱。美丽的田园风光、湖光山色和迷人的乡村景观将成为财富的源泉，宛如一个聚宝盆。坚信只有保护好生态环境，才能实现经济的繁荣与可持续发展。

我国加快推进乡村自然资本的增值，将自然资源转化为财产和资本，从中带来巨大的增值收益，使农民也受益匪浅。这样的做法实现了保护生态环境的同时让农民获得实实在在的利益，让农民成为绿色空间的守护者，有效调动了他们保护农村生态环境的积极性。总的来说，中国式农业现代化坚持人与自然的和谐发展，不仅保护了农村生态环境，还将生态资源转化为财产和资本，解决了西方在经济发展和生态保护之间面临的难题。这种做法既促进了经济增长，又实现了可持续发展的目标。

3. 坚持物质文明和精神文明并重

我国坚持物质文明和精神文明的协调发展，决不会采取压缩农民精神生活空间的农业现代化模式。与此不同，西方资本主义在农业现代化的过程中，长期以来使农民的精神文化遭受匮乏。

首先，西方资本主义对农民的精神生活造成了破坏。资本主义破坏了城市工人的身体健康和农村工人的精神生活，农业资本主义使农民陷入了无休止的体力劳动之中，无法从生产中获得智慧的增长，无法享受文化的乐趣。

其次，西方资本主义导致了农村文化的衰退。在历史上，西方大农场主拆除了农民在耕地上的小屋，破坏了农村文化传承的场所和媒介。同时，资产阶级剥夺了家庭关系中温情脉脉的面纱，使之变成了纯粹的金钱关系。西方资本主义对农村文化进行了解构和控制，以裸露的金钱利益观和商业文化取代了传统的农耕文化。

最后，西方资本主义破坏了农民的精神交流。农业资本主义使农民分散在广裘的农村土地上，并将他们与城市居民隔离开来，割断了他们与外界的沟通和交流，这无疑导致了农民精神上的荒漠化。

乡村振兴不仅需要形态上的改造，还需要灵魂的塑造。农业现代化不仅仅是物质层面的现代化，也涵盖了精神层面的现代化，中国式农业现代化特别注重农民精神世界的丰富和充实。

首先，我们致力于保留农村文化的传承载体。中国的乡土建筑承载着悠久的历史文化底蕴。我们支持挖掘那些具有农耕特色、民族特点和地域特色的物质文化遗产，尽最大努力保留农村中的古镇、古村落和古建筑，使有形的乡村文化得以永久保存。中国式农业现代化的推进不仅丰富了农民的精神生活，也避免了城市对农村文化的侵蚀，实现了物质文明与精神文明的和谐统一。通过这样的努力，我们确保了农村文化的传承，在现代化的进程中焕发出独特的魅力。

其次，我们坚持以社会主义核心价值观为引领，推动乡村精神文明建设。在传承和保护乡土文化的基础上，我们积极弘扬新的社会风尚，倡导摒弃陈旧习俗。同时，我们致力于培育文明乡风、良好家风和朴实民风，不断焕发乡村文明的新面貌。这样，我们能够在现代化的进程中，让乡村文明熠熠生辉，为社会主义价值观的根植提供坚实基础。

最后，我们要高度重视中国农耕文明的传承。在漫长的历史过程中，农耕文明以其勤劳朴实和崇尚礼仪亲情的特质，不断注入中华民族的独特特性和天赋。传承农耕文化意味着保留中国人民优秀的文化品质，守护着我们宝贵的文化基因。

（二）以农村土地农民集体所有、权利分置为基础

就全球范围而言，发达国家的农业现代化是在私有制的生产资料基础上完成的。然而，我国在推进农业现代化时，要建立在社会主义集体所有制的基础上实现。农村土地的集体所有和家庭承包经营是社会主义公有制在农村的最重要表现，也是我们走中国式农业现代化道路的制度基石。在这个基础上，我们将保持农民对土地的集体所有权，鼓励家庭承包经营，以实现农村经济的高效发展和农民生活水平的提升。这种集体所有制和家庭承包经营的模式，将为农业现代化提供坚实的制度支持，确保农村在现代化进程中实现可持续发展。

自改革开放以来，我国建立了以家庭承包经营为核心、统分结合的双层经营

体制，有效调动了广大农民的生产积极性。随后，农业农村领域进行了一系列制度改革创新，其中包括农村土地的集体所有权、农户的承包权以及土地经营权的"三权分置"，这些改革都是在这一基本经营制度的基础上逐步形成和发展的。通过这些改革，我们为农民提供了更加稳定和可持续的发展环境，推动了农业现代化和农村经济的蓬勃发展。同时，这些改革也为农村地区提供了更大的发展空间，激发了农民的创造力和发展潜力。

在实践层面上看，农村土地的集体所有和家庭承包经营根本保障了广大农民平等享有基本生产资料的权利。这种制度既适应了传统农业中以人工劳动为主的特点，也适应了现代农业中采用先进科学技术和生产手段的需求，具有广泛适应性和强大的生命力。当然，任何制度都不是静止不变的，都需要不断发展和完善。随着时代的发展和农村经济的变革，我们需要对这些制度进行适时的调整和改进，以满足新形势下农民的需求，促进农业现代化和农村社会的持续发展。

当前，我国农业面临着内涵功能、要素投入结构和外部条件等方面的重要变化，因此需要适应新形势和新阶段的要求。在坚持农村基本经营制度的基础上，我们需要处理好"变"与"不变"的关系，特别是要加强农业经营模式的创新。通过进一步丰富双层经营体制的内涵和实现形式，可以激发农业发展的新活力。这意味着要积极探索适应农业现代化和市场化发展需要的新经营模式和机制，注重提高农业产业链的质量和效益，推动农业向着更高质量、更可持续的方向发展。同时，我们也要加强对农业发展的政策支持和保障，为农民提供更好的生产条件和发展机会，促进农业的繁荣和农民的福祉。

（三）超小规模经营、超大规模农产品需求

家庭经营在全球农业发展中普遍存在，而中国的农地承包和相关的小规模经营则具有独特的特色。作为一个农业大国和人口大国，我国面临着众多农业从业人口和土地之间相对紧张的人地关系。

我国的人地关系存在两个方面的挑战。首先，从功能角度分析，农村土地不仅是一种生产要素，还承担着社会保障的职责，对于乡村社会的稳定至关重要。这种情况下，人地关系的调整以及与其他要素的自由组合受到了限制，进而影响了农业要素的配置效率。因此，在农业现代化进程中，我们需要综合考虑保护农

民权益的同时，合理调整人地关系，优化农业要素的配置，以提高农业生产效率并实现乡村社会的可持续发展。这样的努力将为我们创造更加繁荣和稳定的农村社区提供坚实基础。

其次，从资源占有的角度来看，根据第三次全国国土调查结果可以看出，我国的人均耕地面积仅为1.36亩，远低于世界平均水平的40%以及亚洲国家平均水平。这表明我国的人地关系紧张程度较高。据统计，我国的耕地面积达到19.18亿亩，但人均耕地面积严重不足。这一现象反映出我国在农业发展方面仍面临一定的挑战。虽然日本、韩国等东亚小农国家也面临人地关系紧张的情况，但我国的情况更为突出。这说明，我们必须长期面对超小规模家庭经营这个推动农业现代化的基本现实。根据第三次全国农业普查的数据显示，我国拥有398万户规模较大的农业经营户，仅占农业经营户总数的不到2%；而小农户的数量占据了农业经营主体的98%以上。小农户从业人员占农业从业人员总数的90%，小农户经营的耕地面积也占总耕地面积的70%。这些数据再次凸显了我国农业中小农户的重要性和其对人地关系的影响。

同时，我国面临着独特的挑战，没有任何一个其他发达国家像我们一样需要满足14亿人口的食物需求。庞大的人口规模对农产品的需求也是巨大的。因此，确保粮食安全和重要农产品供应成为我国推进农业现代化的首要任务。在这个过程中，依靠国际市场来保障国内安全是不切实际的，我们必须以国内为基础来解决这一问题。因此，我们需要采取有效的措施，加强农业现代化的发展，提高粮食和农产品的产量和质量，以满足国内庞大人口的需求。这也将为我国的农业发展和粮食安全奠定坚实的基础。

因此，可以想象，在满足超大规模农产品需求的同时，以超小规模经营为基础推进我国农业现代化是一项艰巨而复杂的任务。这也意味着我们需要采用独特的发展途径和推进方式来实现这一目标。

（四）与新型工业化、城镇化、信息化同步发展

与主要发达国家按照工业化、城镇化、农业现代化和信息化的顺序依次推进现代化不同，中国采取了一种并行发展的模式，即工业化、城镇化、信息化和农业现代化同时进行，彼此相互促进，相互伴生的中国式现代化。这种模式意味着这四个方面的发展在同一时间内取得进展，共同推动着中国现代化的进程。

国外的经验教训表明，在加速工业化和城镇化的时期，农业常常面临被忽视或削弱的风险。一些国家在这个过程中没有妥善处理好工农城乡关系，结果导致经济发展停滞、社会动荡，现代化进程受到严重阻碍。这提示我们要认识到农业在整个现代化过程中的重要性，坚决避免忽视农业发展，保持工农城乡协调发展，以确保经济稳定增长和社会稳定。

就历史角度而言，还没有一个人口众多的国家在工业化和城市化同时进行的情况下成功实现农业现代化的范例。我国农业现代化面临着独特的时空背景。然而，我们也必须认识到工业化和农业现代化之间存在着相互依赖的关系，城市化与农业现代化也可以同步进行。因此，我们需要在推进工业化和城市化的同时，注重农业现代化的发展，充分发挥各个领域之间的协同作用，实现经济的全面发展和社会的可持续进步。

在新一代信息技术的推动下，时空距离得到改变。这使得乡村和城市、农业和工业几乎同时、同步地享受到技术进步的红利。这为加速农业现代化进程、弥补"四化同步"短板提供了机会。因此，如果能够将农业现代化与新型工业化、城镇化和信息化有效结合，将创造出全球农业现代化的新模式。这种协同发展将推动农村和农业全面振兴，实现农业现代化的新突破。

（五）区域资源禀赋高度异质性、实现模式多样化

我国各地区的经济社会发展水平存在差异，农业发展的区域不平衡问题十分突出。东部沿海地区的工业化和城镇化已经达到较高水平，对农业现代化的辐射和带动作用较强。这些地区的农业土地产出率、资源利用率和劳动生产率相对较高，农业也更充分地发挥多功能性，甚至在某些领域与发达国家不相上下。然而，一些中西部地区仍然采用传统的农业发展方式，农业现代化水平较低。

另外，不同国家和地区的农业发展方式和劳动生产率受到资源要素禀赋差异的影响。虽然各国存在着不同程度的区域资源禀赋差异，但我国的差异程度在世界上是罕见的。我国国土辽阔，地形复杂，不同地区的水土资源、气候资源、物种资源等存在着显著差异，农业生产呈现出多层次的地域特色。这意味着各地区农业现代化的发展模式将呈现出多样性，并且必然经历区域专业化分工的漫长过程。因此，我国农业现代化的推进需要因地制宜，充分发挥各地区的特色和优势，以实现农业可持续发展的目标。中国式农业现代化无法实现一步到位，必然会采取多元化的发展模式。不同地区实现现代化的时间和程度也会有所差异。我国将根据各地区的实际情况，制定相应的农业发展策略，推动农业现代化进程，以实现农村地区的全面发展和社会经济的协调发展。

（六）以农民农村共同富裕为旨归

我国长期以来坚持将保障农民利益置于首位，突出农民的主体地位，这是我国农业现代化建设的基本原则之一。实现农民增收致富、推进农业现代化一直是核心目标。客观而言，作为一个大国，要实现全体人民的共同富裕，农民和农村的共同富裕是必不可少的；同样，要实现整个国家的现代化，农业现代化也是不可或缺的一部分。因此，以农民为主体，以实现农民和农村共同富裕为目标的农业现代化不仅是中国式农业现代化的特点，也是实践发展的客观要求。这种发展模式注重农民权益的保护，致力于农业的可持续发展，推动农村地区的全面进步，以实现我国农业现代化的长期目标。

中国式农业现代化注重以农民为主体，与西方以资本为中心、单纯追求生产力发展的农业现代化模式截然不同。后者往往导致贫富差距扩大、小农户面临破产甚至消亡的问题。实践证明，在一些国家推进农业现代化的过程中，资本化和商品化农业的发展并没有带来农户收入的增长，反而导致土地等农业生产资料向农业资产阶级集中，进一步边缘化农民群体。因此，中国式农业现代化更加注重保护农民权益、促进农户收入增长，坚持农民的主体地位，以实现农业的可持续发展和农村地区的全面进步。这种模式的特点在于以人为本、注重平衡发展，更加符合中国的国情和农业发展的实际需要。

二、中国式农业现代化的动力机制

农业现代化受多个因素的影响，是一个复杂系统的过程，这些因素在不同国情背景和发展阶段表现出不同的作用方式。从中国式农业现代化的历程来看，制度供给、技术进步和市场建设等因素长期以来起着主导作用，它们共同构成了推动农业现代化的主要动力因素。制度供给方面，政策制定和改革是关键，为农业现代化提供了有利的制度环境；技术进步方面，科学技术的应用和创新推动了农业生产方式和效率的提升；市场建设方面，市场机制的完善和农产品的市场化推动了农业现代化的发展。这些因素相互作用，共同推动着农业现代化的进程，促使农业在不断发展中实现质的飞跃。

（一）制度适变性演化

在我国农业农村领域，制度创新发挥着关键作用。回顾历史，正是制度供给的内在统一性和适应不同发展阶段的灵活性，使我国农业在改革开放以来得以快速恢复和实现迅猛发展。制度创新提供了有利的制度环境，推动了农业的转型升级和现代化发展。这种制度供给的内在统一性和适应性为农业的持续增长和提高效率创造了有利条件，使农业在全面建设小康社会的进程中发挥了重要的作用。

在制度改革方面，改革开放初期的农村政策赋予了农民生产决策权和剩余索取权，这极大地激发了亿万农民的生产积极性，提升了农业的自我积累能力和发展活力。进入 21 世纪以来，尤其是党的十八大以后，我国在农业领域进行了重大改革，如农产品价格形成机制改革、农村土地制度改革、农村集体产权制度改革等。这些改革的推进有效激活了市场、要素和主体，促进了城乡要素流动和商品流通，成为推动农业现代化加速发展的动力源泉。

在农业政策层面上，我国农业政策经历了全面取消农业税的重要转折点，从过去国家对农民的"取"转变为"予"，实现了根本性的变革。针对农业农村发展，我国政府转变为主动设计政策，一系列以农业补贴为核心的强农惠农富农政策相继出台。国家对农业的支持力度不断加大，这使得粮食等重要农产品的综合生产能力持续提升，同时也催生了许多新的业态和模式。随着时间的推移，乡村产业发展的边界不断扩大，为农村经济的发展带来了新的机遇和可能性。这些农业政策的调整和支持措施对于农业农村的可持续发展起到了积极的推动作用。

在宏观战略层面上，我国城乡工农关系经历了从重工业优先发展到逐步打破城乡二元结构，再到新时代确立农业农村优先发展总方针的演变，这导致了资源要素配置方式和结构的系统性转变。这一转变不仅改善了长期以来资源要素从农业农村向城市流出的状况，而且促进了城乡之间经济循环的畅通，从而推动了农业生产力的发展和活力的释放。因此，我国的城乡工农关系得到了整体优化，以国家战略导向为指引，资源要素的合理配置得以实现，为农业农村的发展注入了新的动力。

进入新的发展阶段，中国式农业现代化的顺利推进将更加依赖宏观战略导向的稳定性和连续性。优化调整农业政策和深化改革仍然是重要的制度动力，但城乡改革的整体性、联动性和协同性将发挥更为关键的作用。这意味着城乡改革需要继续向纵深推进，不仅注重改革的广度和深度，还要注重城乡之间的协调发展，实现城乡一体化的优化配置和高效运行。只有确保制度改革的稳定性和协同性，才能为中国式农业现代化的推进提供坚实的基础，进一步释放农业发展的潜力，实现农业的可持续发展和乡村振兴。

（二）技术创新扩散

我国农业的持续创新和进步对于满足世界近 1/5 的人口需求至关重要，尽管我们只拥有世界 9% 的耕地和 6% 的淡水资源。通过改进生产工具和耕作方式，我国古代农业实现了高度均衡的精耕细作。然而，真正突破技术滞后、实现高水平均衡的农业发展是建立在现代自然科学基础上的农业科学技术的形成和广泛应用。这种创新让我们告别了传统的"靠天吃饭"和劳力密集型的生产模式，极大地推动了农业生产力的飞跃。这不仅对于保障国家粮食安全、增加农民收入和推动农业绿色发展具有重要作用，也使我们能够养活更多的人口，使农业在可持续发展的道路上迈出坚实的步伐。

近年来，我国农业科技创新发展呈现以下几个趋势：首先，农业技术创新已从粮食领域扩展至大农业范畴。为了满足食物多样性和多样化的需求，在强化粮食生产技术创新的同时，农业科技创新逐渐拓展至大农业领域，促进了农林牧渔业的协调发展。未来，科技创新仍将是推动中国式农业现代化的根本动力。通过多学科、跨领域和跨部门的农业技术整合创新，以及科技与劳动力等要素的有效配置，将加速传统农业向现代农业的转型升级。其次，农业科技的发展已从注重数量增长转向实现质量和可持续发展。以往，农业技术主要侧重于高产品种和现代化化学投入，提高了土地的生产能力，使农业产出快速增长。然而，同时也导致了耕地质量下降和环境污染加剧等问题。通过创新和推广资源高效利用等技术，促进了重要农产品产量的增长，实现了农产品质量安全与生态安全的统一。最后，农业科技创新适应了农业产业链的延伸和拓展，从单一技术创新转向了全过程、全要素、全链条的技术创新，涵盖了种植、养殖、加工和销售等环节，从而提高了农业的附加值。

（三）渐进式市场化转型

对于一个国家而言，缺乏完善的市场体系和高度市场化水平，将无法实现真正的农业现代化。市场化不仅能够能够为其提供自由竞争、财产和合同保护等制度保障，还能够为工业化提供广泛需求和充分资源的集中途径。事实证明，无论是城市还是农村，市场资源配置是最有效率的方式。市场化建设一直是我国农业发展的关键动力。

过去几十年，我国农业市场化改革逐步推进，将传统农业引向现代市场经济轨道。农村市场体系作为市场经济的重要组成部分，在类型上包括农产品市场、农业要素市场和农村消费市场，在层次上涵盖现货市场和期货市场，主体包括农户、新型经营主体和农产品流通主体等综合体系。农村市场体系的建设是一个逐渐完善的过程，不断为农业发展提供更多机会和潜力。

自改革开放以来，市场经营和农产品价格逐步放开，农产品从过去的国家统购统销、统购包销转向市场销售，批发市场逐渐发展壮大，市场主体也由单一向多元化转变，同时农产品流通体制和农产品市场调控机制得到不断完善，市场运行效率不断提升。特别是针对农产品生产与市场之间存在的矛盾，我们推进了新疆棉花、东北大豆的目标价格改革试点以及玉米市场定价和价补分离改革等措施，逐步形成了以市场定价为基础的农产品价格机制，对引导农业资源要素的配置发挥着越来越重要的作用。这些改革措施为农业市场化发展提供了坚实基础，促进了农产品供需的平衡和农业可持续发展。

尽管农村要素市场建设相对较晚，但已经取得了积极的成果，城乡要素交换的不平等情况已经得到显著改善，要素单向流出农村的现象正在向城乡要素双向流动的方向转变。以劳动力要素为例，中华人民共和国成立初期，我国城乡劳动力曾经经历了短暂的自由流动时期。然而，随着大量农民为了生计涌入城市，城市面临着日益增加的交通、住房、就业和生活供应等压力，于是开始采取限制农民进城的措施。改革开放后，国家开始逐步放宽对农民进城的限制，大量劳动力脱离农业生产，涌入城市从事务工谋生。最初出现的"离土不离乡""进厂不进城"的短距离流动模式，随后被大规模、跨区域的"民工潮"所取代。实践证明，劳动力流动不仅为中国经济增长做出了重要贡献，还推动了农业规模化发展和农民收入的增加。

相较于一些发达国家在推进农业现代化时已经具备相对成熟的市场体系，并且产品和要素的定价机制也相对健全的情况中国的农业现代化是在农村市场体系尚未健全、发展不充分的情况下进行的。因此，在深化市场化改革的过程中，我们需要探索一条同步推进农业现代化的道路，进一步加强农村市场化建设，加快推动农业向市场化和社会化的大规模农业转型。这样的转型路径将为中国农业的现代化发展提供有力支持。

第二节 农业现代化与农业产业升级

一、现代化与农业现代化

（一）现代化的定义

虽然现代化通常指社会摆脱旧形态时所发生的变化，涉及社会经济、政治、文化、心理等方面的整体变迁，并具有向更大范围扩张的特征，但是现代化至今依旧是一个充满争论的概念，社会学、经济学、政治学等各个学科对于其内涵的解释各有差异，对于现代化的理论研究也存在很多流派，这些理论流派对现代化的解释各有不同。目前有 10 个研究现代化的理论流派影响比较大，分别为：经典现代化理论、依附理论、世界体系理论、后现代化理论、生态现代化理论、反思性现代化理论、全球化理论、多元现代化理论、第二次现代化理论和综合现代化理论。

自 20 世纪 50 年代起至今，经典现代化理论已经形成了五个主要的研究方向，包括政治学、经济学、社会学、人文心理学和制度学。这些研究方向从不同的角度和侧面对现代化进行了解释。然而，这些理论也存在一些限制性因素，比如带有西方中心主义的意识形态偏见，坚持一元单线的进化论的历史观，以及对人的现代化过程中工具理性的强调而忽视了人的价值理性等方面。因此，我们需要综合各种研究视角，超越这些局限性，以更全面和包容的方式来理解和推动现代化进程。

根据尹保云的观点，依附理论可以被大致划分为三种类型，包括结构主义依附理论、激进的依附理论和依附发展理论。

世界体系理论利用依附关系、世界劳动分工和阶级冲突等因素来探讨世界体系的历史演变，以及解释自 16 世纪以来的全球发展历程。该理论认为现代化是一种全球性运动，必然引起世界体系的演变，而世界体系的变化又必然对国家的现代化产生影响。

后现代化理论的代表人物美国学者贝尔将社会发展划分为前工业社会、工业社会和后工业社会三个阶段。他通过从经济方面、职业分布、中轴原理、未来方向、决策制定五个方面描述后工业社会。[①]

荷兰学者摩尔是生态现代化理论的代表人物，他认为最早在 20 世纪 80 年代初，一些西欧国家如德国、荷兰和英国首次提出了生态现代化理论。这一理论主要基于欧洲的经验，描述了一种新的发展模式，即经济效益、社会公正和环境友好并重的模式。这种模式实现了经济和环境的双赢：经济增长与环境保护相互协调，经济增长与环境压力解耦。生态现代化的核心在于预防、创新和结构转变。

对于反思性现代化理论，德国学者贝克认为，它揭示了风险社会的特征，包括民主对话、不确定性、全球范围的风险、部分雇佣和工作安全性的减弱、结构性失业、社会不平等的个体化等。

以色列学者艾森斯塔特认为，多元现代化理论提供了一种关于现代时期历史和特征的观点。现代性确实在世界大多数地区蔓延，但并没有形成一个统一的文明或一种制度模式。

关于全球化理论，英国学者赫尔德等认为，全球化的历史可以分为四个主要阶段：从大约 1 万年前到公元 1500 年是前现代全球化、1500 年至 1850 年是现代早期全球化、1850 年至 1945 年是现代全球化、1945 年至今是当代全球化。当代全球化是各个领域和方面全球化的历史性汇聚和集中。全球化可以划分为稀疏、扩张、密集、分散四种类型[②]。

中国学者何传启提出了第二次现代化理论，他认为该理论不仅是一个广义现代化理论，还是一个人类文明理论，使现代化理论与人类文明理论形成了一个有机的整体[③]。这一理论的提出将两者有机地结合在一起。

虽然不同学派对于现代化的理论含义阐释有较大差别，对于现代化的理解存

---

① 何传启. 现代化研究的十种理论 [J]. 理论与现代化，2016（1）：22-29.

② 何传启. 现代化研究的十种理论 [J]. 理论与现代化，2016（1）：22-29.

③ 何传启. 现代化研究的十种理论 [J]. 理论与现代化，2016（1）：22-29.

在诸多不同，关于现代化理论的学术争论一直存在，但是也形成了很多共识。学者们承认现代化具有两个基本内涵：一是与发达国家相关，指的是发达国家自工业革命以来所经历的重大变革；二是与发展中国家相关，指的是发展中国家追赶世界先进水平的发展过程。这种深刻的变革包括四种转变，即从传统政治转向现代政治的转变、从传统文化迈向现代文化的转变、从传统经济向现代经济的转变、从传统社会走向现代社会的转变。这种转变还在持续发展过程当中，由此我们可以认为现代化是经济、政治、文化、技术、制度、行为与心理等人类社会各个方面不断发展进步的动态过程。

（二）农业现代化

何盛明认为，农业现代化是指将传统农业转变为现代农业的过程。在农业现代化中，农业建立在现代科学的基础上，利用现代科学技术和现代工业装备农业，并运用现代经济科学管理农业。这样可以建立一个高产、高质、低耗的农业生产体系，同时合理利用资源、保护环境，并实现农业生态系统的高效转化[①]。农业现代化的目标是提高农业生产效率、改善农民生活水平，推动农业可持续发展，同时也为实现国家经济的现代化做出贡献。

农业现代化是农业不断升级的动态过程，是农业从落后走向先进的手段，其内涵随着经济社会的进步与科学技术的发展而变化。进入 21 世纪后，有的学者认为，我国农业现代化的基本特点包括生产过程机械化、生产技术科学化、增长方式集约化、经营循环市场化、生产组织社会化、生产绩效高优化、劳动者智能化。我国的国情决定我国的农业现代化必须选择中国特色的农业现代化道路。

（三）我国农业现代化的历史进程

中国科学院中国现代化研究中心发布的《中国现代化报告 2012——农业现代化研究》指出，中国农业现代化的划分阶段与中国经济现代化的划分不必完全一致，但也要相协调。根据中国经济现代化的阶段划分，该报告将中国农业现代化划分为清朝末年的农业现代化起步阶段、民国时期的局部农业现代化阶段、中华人民共和国的全面农业现代化阶段三个阶段。

关于我国农业现代化的发展阶段划分，不同的学者有不同的意见。例如，对

---

① 何盛明. 财经大辞典 [M]. 北京：中国财政经济出版社，1990.

于中华人民共和国成立后农业现代化历程的阶段划分，臧云鹏根据生产效益、生态效益和社会效益在农业实践中所占的比重将其划分为三个阶段：以发展生产力为核心的农业现代化阶段（1949—1984 年），效率优先、兼顾环保的生态农业示范阶段（1985—2011 年），高效、优质、节约、友好的现代化农业阶段（2012 年至今）[①]。

中国共产党十九届五中全会提出：到 2035 年基本实现社会主义现代化远景目标，基本实现新型工业化、信息化、城镇化、农业现代化，建成现代化经济体系，把十七大确定的"三步走"战略的第三步（即 21 世纪中叶基本实现现代化）提前了 15 年，这是基于全面建成小康社会这个坚实的基础而确立的。2021 年 7 月 1 日，在庆祝中国共产党成立 100 周年大会上，习近平总书记宣布：我们实现了第一个百年奋斗目标，在中华大地上全面建成了小康社会[②]。面向 2035 年的农业现代化，将是一条质量兴农之路、产业带动之路、国际发展之路、共同富裕之路，在中国共产党领导下发挥社会主义制度优势，我国的农业现代化发展必将成功。党的二十大报告提出，从现在起，中国共产党的中心任务就是团结带领全国各族人民全面建成社会主义现代化强国、实现第二个百年奋斗目标，以中国式现代化全面推进中华民族伟大复兴。报告还指明了中国式现代化的主要特征、本质要求、战略安排和必须牢牢把握的重大原则，形成了关于中国式现代化的系统论述，进一步丰富和发展了习近平新时代中国特色社会主义思想。[③]

新时代"两步走"战略的第二阶段是从 2035 年到 21 世纪中叶，把我国建成富强民主文明和谐美丽的社会主义现代化强国。农业现代化只有阶段性目标，没有休止符。展望 2035 年以后，生态农业、绿色农业与人文农业的理念将得到强化与彰显，我国农业在生产上的数字化、精准化、信息化的技术水平与在经营管理上的规模化、集约化水平会不断提升，作为农业从业主体的农民将完成彻底转型，并在完全实现职业化的基础上素质不断提高，我国将在 21 世纪中叶建设成强大的现代农业。

① 臧云鹏. 农业现代化的发展历程与未来方向 [J]. 国家治理，2019（34）：31-40.
② 中国政府网. 习近平：在庆祝中国共产党成立 100 周年大会上的讲话 [EB/OL]. （2021-07-15）[2023-03-29].https://www.gov.cn/xinwen/2021-07/04/content_5622390.htm.
③ 农民日报·中国农网评论员. 以中国式现代化要求推进三农新发展 [N]. 农民日报,2022-10-31(001).

（四）中国农业的出路是现代化

1. 中国现代化的短板是农业

经过改革开放 40 多年的高速发展，我国已经进入工业化的中后期，成为工业体系完备、工业门类齐全的世界第二大经济体，是制造业第一大国；伴随工业化进程，城镇化率达到新水平，2019 年年末全国大陆总人口 14 亿人，其中城镇常住人口 8.48 亿人，占总人口比重（常住人口城镇化率）为 60.60%，户籍人口城镇化率为 44.38%[①]。与此同时，我国农业现代化建设取得巨大成就，生产力发展水平不断提高，产业体系、生产体系、经营体系初步形成。

相对于工业化的飞速发展、城镇化的快速推进以及信息化的迅猛发展，农业现代化的进程相对较为缓慢，明显落后于其他"三化"，与城镇化、工业化极为不协调，并且对工业化、城镇化、信息化的制约性影响越发明显。农村土地、劳动力等资源优势不能充分发挥，并且农业就业结构演进慢于产业结构变化，工农业发展不平衡，农业劳动生产率和比较效益低。基于我国农民基数大、农村地域广的基本国情，不管工业化、城镇化进展到哪一步，农村将长期存在，城乡将长期共生并存。

2. 未来农业发展面临的挑战

改革开放 40 多年来，我国农业建设取得巨大成就，但是农业大而不强的基本面没有变，未来发展面临巨大挑战。

（1）生产经营方式不适应市场经济与现代产业发展要求

我国农业尚处在由传统农业向现代农业转变的阶段。①一家一户的小农生产与小规模分散经营方式依旧占较大比例，农业产业化发展受到制约，集约化水平低，难以产生规模效益。2015 年全国经营耕地在 2 公顷以下的小规模经营农户高达 2.57 亿户，占农户总数的 96%[②]。未来一段历史时期内，小规模分散式生产经营方式还将长期存在，而小农生产经营方式与现代农业对接难。②面对农产品市场要求与居民消费结构加速升级的趋势，农业生产结构调整任重道远，且农业产业链条短。尤其是未来消费者对农产品安全质量的要求越来越高，产品质量成为

---

①　中国政府网.中华人民共和国 2019 年国民经济和社会发展统计公报 [EB/OL]（2020-02-28）[2023-03-27].https://www.gov.cn/xinwen/2020-02/28/content_5484361.htm.

②　魏后凯.乡村振兴需从根本上转变传统小农生产方式 [J].中国乡村发现，2018（4）：20-24.

价格的决定性因素，这必将极大地推动农业供给侧改革，有力地促进农产品标准化、品牌化和质量全程可追溯体系建设。③现有的农业经营组织数量少，活力不足，对市场需求变化的反应慢。④农村多元化新业态尚未形成，农业新的增长点还在探索中。

（2）在应对复杂多变的国际环境方面不能适应竞争

中国加入 WTO 后，有力促进了中国经济的发展，尤其是在引入外资、扩大出口、激发创新力等方面成效更加显著，有力地促进了工业化、信息化，但是对农业的冲击很大。主要是农产品国内价格超过国际市场价格，一直担负着国际与国内农产品价格倒挂的压力，而补贴政策接近上限，农业增效极为困难。未来的国际竞争会越来越激烈，而我国农业抵御各种风险的能力依旧较低。比如，粮食生产与保障问题。农业现代化无论发展到哪一步，都必须保证粮食生产，因为粮食生产是保障人民安居乐业的基础中的基础，所以必须把饭碗牢牢端在自己手里，保证有效供给。但是受制于小规模分散经营，粮食生产效益低，农民种粮积极性不高；农民"半工半耕"成为常态——劳动力兼业化、农业副业化，老人妇女成为主要的农业劳动力——劳动力弱质化。未来谁来种地？粮食生产的主体是谁？这些是我国必须破解、正在破解的重大课题。笔者认为，这些都需要在农民职业化方面寻找答案。

（3）在生态环境与产品质量及安全方面不能适应更高要求

未来农业是贯穿生态农业、绿色农业、人文农业理念的农业，尤其是生态建设要求越来越高、越来越严，而农业资源相对缺乏，农业生产与生态建设需要找到最佳平衡点，找到两者相结合的新途径。党的十八大以来，农业与生态建设不协调问题得到缓解，但是并没有得到根本解决，比如农业污染问题依旧存在，部分地区还较为严重。根据全国第一次污染源普查结果显示，农业污染已经成为我国环境污染的重要污染来源。农业灌溉水中有 80% 的河流、湖泊存在氮、磷等物质超标的问题。有关数据也显示，我国禽畜污染物排放量已经远超过工业有机污染物的排放量，成为农业污染的首要污染源。农药、化肥的有效利用率不超一半，剩余的都留在土壤中造成污染。但是，保证粮食产量和减少农药化肥污染的矛盾短期难以解决，"双减"（减少化肥、农药使用量）任重道远。当前农产品供需要求呈现三个特点：一是安全，二是多样化，三是质量。未来对农产品安全、质量方面要求越来越高的趋势会更加显著，所以上述情况与问题显然对农业生产提出了很大挑战。

（4）在农业科技创新、推广与应用方面不能适应发展趋势

2019年我国农业机械化率达到70%[①]，但是由于我国农业基本盘很大，即便非机械化占30%，其绝对数值也很庞大。在农业科技应用方面，推广优良品种、栽培养殖技术、植物保护技术等遇到瓶颈，对农业的贡献率降低，此外农业污染问题也有待于农业科技的创新与生产方式的变革。

尤其值得重视的是，我国农业信息化发展滞后，数字技术应用刚刚起步，现代信息技术与农业的对接不充分，对农业现代化的作用没有充分显现，但是地方政府对农业农村信息化发展的重视程度不够高，加快推进农业信息化、数字化的社会意识淡薄。有的专家预测农业科技发展有两大趋势值得我们关注：一是千禧一代（1980—2000年出生的人）将成为农业变革的先驱，二是精准农业将在小型农场发挥大作用。《数字农业农村发展规划（2019—2025年）》指出，在农业现代化过程中，仍存在一些挑战和不足。首先，发展基础薄弱，数据资源分散，天空地一体化数据获取能力和覆盖率有限。同时，重要农产品全产业链大数据和农业农村基础数据资源体系建设才刚刚开始。其次，创新能力不足，关键核心技术开发滞后，缺乏农业专用传感器，农业机器人和智能农机装备的适应性也较差。此外，数字产业化滞后，数据整合共享不充分，开发利用程度有限。与工业和服务业相比，数字经济在农业中的占比较低，这成为数字中国建设中的一个突出问题[②]。为了克服这些挑战，需要加强数据整合和共享，推进关键技术研发，提高数字化在农业领域的应用水平，以推动农业现代化进程。

3. 我国农业未来发展的出路是现代化

长久以来，我国是一个农业大国的国情没有改变，未来一段历史时期内也不会改变，农业作为基础产业的地位不会改变。习近平总书记强调，我国是农业大国，重农固本是安民之基、治国之要。农业问题的解决程度关乎社会主义现代化

---

① 新华社. 全国农作物耕种收综合机械化率超70%[EB/OL].（2020-01-08）[2023-03-28]. https://baijiahao.baidu.com/s?id=1655141344604983148&wfr=spider&for=pc.

② 中华人民共和国农业农村部，农业农村部中央网络安全和信息化委员会办公室关于印发《数字农业农村发展规划（2019—2025年）》的通知 [EB/OL].（2020-01-20）[2023-03-16]. http://www.ghs.moa.gov.cn/ghgl/202001/t20200120_6336316.htm.

强国的战略能否实现，所以农业问题必须得到妥善解决。任何事物的发展都伴随着矛盾和问题，都是在破解矛盾和问题中发展。农业这些问题都是发展中的问题，也要通过发展来解决。习近平总书记早在 1984 年河北正定工作期间就强调要建设现代化大农业 [①]，1988 年 6 月至 1990 年 4 月在福建工作期间对闽东农业发展要求走一条发展"大农业"的路子，2013 年 11 月 28 日在山东农科院座谈会上指出"农业的出路在现代化"，这为农业发展指明了未来出路，明确了现代化建设在农业发展中的重要地位。

二、农业现代化的主体、关键与保障

经典现代化理论认为现代化的核心是人的现代化，甚至很多学者提出现代化的本质是人的现代化。习近平总书记指出，农村现代化既包括"物"的现代化，也包括"人"的现代化，还包括乡村治理体系和治理能力的现代化 [②]。他还强调，农业现代化，关键是农业科技现代化。科技是由人来创造的，更是由人来使用的，产业是需要人来管理和经营的，农业科技的应用、农业管理和经营主要是由农民、半转型的农民与转型后的职业农民来进行。基于此，"三农化一农"以农民为基点，坚持农民全面发展的方向，就是要让传统农民转化成为懂技术、善经营、会管理的职业农民。

（一）农业现代化的主体

农业现代化必须坚持以人民为中心的发展理念。习近平总书记指出，要通过富裕农民、提高农民、扶持农民，让农业经营有效益，让农业成为有奔头的产业，让农民成为体面的职业 [③]，是令农民更有获得感，让农民自身得到充分发展。"三农化一农"路径以农民职业化为主线，就是要以增加农民收入、提高人民生活水平为出发点和落脚点，最终推进城乡一体化。农民、半转型的农民和转型后的职业农民是推动农业发展的主体，是推动我国农业现代化建设的主力军。

---

① 中央农村工作领导小组办公室，河北省委省政府农村工作办公室，习近平总书记"三农"思想在正定的形成与实践 [N]. 人民日报，2018-01-18（1）.
② 习近平，把乡村振兴战略作为新时代"三农"工作总抓手 [J]. 求是，2019（11）：4-10.
③ 人民网，习近平的"三农梦"：让农业成为有奔头的产业 [EB/OL].（2015-12-27）[2023-03-29].http://news.cnr.cn/native/gd/20151227/t20151227_520940742.shtml.

（二）农业现代化的关键

人类农业发展史表明，每一次农业科技的重大突破都带来农业发展方式的重大变革，产生农业发展的重大飞跃。农业现代化的关键在于实现农业科技的现代化，而农业科技的现代化则取决于农业科技的创新和广泛应用，科技创新主要依赖农业科技人才，科技成果推广主要依赖农业科技推广人才，所以农业科技创新与推广人才是关键中的重点。为了推进农业科技快速发展，提升农业生产过程中的科技含量，我国亟须加强培养农业领军人才和农业创新团队，强化建设农业科技推广体系，壮大农业科技推广队伍。尤其是农业基础科学和前沿技术领域人才队伍的培育和建设，有待国家进一步加大扶持力度。当然，农业要做强，不仅需要农业科技创新与推广人才，还需要一定数量的农业经营管理方面的高素质人才、大量具备较高素质的现代农业产业职工（职业农民）。

当前，我国适应现代农业发展需求的农业人才缺乏，成为制约农业现代化进程的短板之一，培育高素质农业人才队伍已成为农业现代化的一项重要任务。

（三）农业现代化的保障

要制定并落实好一系列惠农利农、支持农业现代化发展的政策，完善相应法律法规，提高金融服务水平，加强农村党建工作，推进乡村治理，为农业现代化建设提供保障。

1. 农业政策与法律

我国长期以来对农业发展的指导和管理主要依靠行政指导和政策，回顾中华人民共和国成立后农业发展取得的成就，无不是政策引导的结果。随着法治国家建设的不断推进，在"法治三农"构建中我国需要正确处理农业政策与农业法的关系。源于实践层面的考察，二者之权重应有所调适并逐渐遵循"政策"到"法"的发展向度。长期有效的农业政策、具备特定条件的农业政策要上升为法律法规，实现农业法对农业政策的调整与规范，同时对制约农业现代化的相关法律法规或其条文要加快修订与完善，还要加强政策与法律法规的执行与监督。

2. 金融服务

现代农业发展的资金来源渠道主要有三个：其一，农户的自有资金；其二，国家与地方财政支农资金；其三，各种类型的金融资金。然而农户的自有资金较为有限，远远无法满足农业转型的需求。国家与各级政府财政投入主要是面向农业农村基础建设与科研重大项目，对农业产业发展主要发挥引导作用，其他方面的支持力度明显不足，在促进农业产业转型方面显得捉襟见肘。而充分发挥普惠金融资金的支持作用，能够有效提升农业生产技术，优化农业生产条件，降低农业生产经营活动对自然条件的依赖程度；能够促进农业生产规模的扩张，提升农业生产与经营活动的抗风险能力。因此，充分利用金融的支持作用，无疑是突破现代农业融资困境、实现其发展壮大的必然要求。应该优化征信评级制度，完善普惠金融服务体系，拓宽融资渠道，同时提高金融服务质量，发展互联网普惠金融，对农业现代化提供更优质的金融服务。

3. 党组织建设

我们国家是中国共产党领导的社会主义国家，党的领导是我国现代化建设的根本保证，也是推进我国现代化的巨大优势。我国在农业现代化的进程中离不开党的领导，离不开党组织的各方面保障，尤其是组织保障。加强农村基层组织建设有助于集中农业经济发展中的人力、物力、财力，并为农业现代化建设提供组织保障。当前我国农村基层组织建设面临诸多问题，要承担这一重要责任，就要敢于迎接挑战，积极适应农业现代化的要求，搞好自身建设，成为推动农业经济现代化的坚强领导力量。

4. 乡村治理

乡村是用来满足现在的农民、未来的职业农民、农业人才及其他乡村居民生活需求的场域，还是满足农业与休闲、康养、旅游等相结合的新业态的消费者消费需要的主要场所。农业现代化的实现，要求不断提升乡村治理能力，推进乡村治理体系现代化，这同时也是实现国家治理现代化的重要组成部分。通过提升乡村治理能力，推进乡村治理体系现代化从而营造稳定、和谐的社会环境，是实现农业现代化的重要保障。"三农化一农"在强调农村现代化与农业现代化相辅相成的同时，对推进农业农村发展的不同阶段有先后侧重，先侧重农村现代化，后侧重农业现代化。当然，在推进过程中二者要先后呼应、全盘统筹、一体设计，在资金投入、要素配置、公共服务、干部配备等方面共同发力。

三、农业产业化与农业现代化

农业产业化经营是在党的十四大后由山东省潍坊市委、市政府最早提出，之后农业产业化逐渐成为对中国农业发展具有重大影响的概念。1995年12月《人民日报》发表社论《论农业产业化》，2000年11月全国农业产业化工作会议召开，2012年11月农业部等八部委在京召开会议明确提出对农业产业化经营和龙头企业的政策倾斜[①]。农业产业化的基本内涵是一种以贸工农一体化、产加销一条龙的农村经济的经营方式，是一种通过龙头企业助力实现企业化管理、社会化服务、区域化布局、一体化经营、专业化生产的产业组织形式。其以市场为主导方向，将科技进步作为动力源泉，将经济效益作为核心。其本质是通过将传统农业进行科学合理的技术改造，使农业走向现代化经营方式和产业组织形式的过程。农业产业化具有很强的中国特色，是我国农业走向现代化的重要途径。

（一）农业产业化是农业现代化的主轴

广义上的农业产业是指，包括种林业、渔业、植业、副业、畜牧业等五种形式，在狭义上指种植业。根据乡村发展态势、乡村振兴战略实施要求，农业广义上的概念应该被强化。

习近平总书记指出，农业农村现代化的主要抓手应当是农业产业化，包括农业市场化[②]。农业产业化是农业现代化的主要标志，主要包括农业生产方式与经营管理方式两个方面：一是农业生产方式通过科技创新与应用实现革新，走向专业化、标准化；二是农业经营管理方式面向市场进行体制变革，走向一体化、企业化。两个方面相结合走向规模化、集约化，这两个方面的发展水平代表了农业现代化水平。由此看来，虽然农业现代化过程包括农业产业化、农业机械化、生产技术科学化、农业信息化等诸多方面，同时与农村现代化密切相关，但是农业产业化应该是我国农业现代化的主要过程和最重要途径，可以认为是我国农业现代化的主轴。

生产方式变革是农业转型升级的根本途径。中华人民共和国成立以来，我国

①　李杰，传统种植业的产业化之路 [J]. 经济，2013（4）：144–146.

②　习近平 . 干在实处 走在前列——推进浙江新发展的思考与实践 [M]. 北京：中共中央党校出版社 . 2013.

农业生产方式经历了从分散到集中再向双层经营体制转型的阶段,凸显了市场化、机械化等现代化特征,未来变革当以科技为依托,以合作为趋势,以人才为根本。加快农业生产方式转型升级不仅是土地等乡村资源综合高效利用、土地多功能产品打造、农民技能提升的有效途径,还是农业多元化、农民多业化的重要渠道,对阻止农业衰退,补齐农业短板,促进农业农民增收、农村发展有着重大战略价值。

支撑我国农业逐步实现现代化的重要支持是在经营管理方面,推进农业规模化和集约化经营,构建新型经营管理体系。加快构建现代农业经营体系的目标是通过创新农业经营管理方式提高农业全要素生产率和农业生产力水平,这是加快推进农业农村现代化的重要举措,也是推进农业供给侧结构性改革的重要任务。多种形式适度规模经营是农业现代化必由之路。

(二)"三农化一农"推动农业进步升级

农业现代化是不断解决农业进步升级中各种新旧问题的过程。解决农业进步升级中的问题,核心和关键是解决"人"的问题,即推进农民现代化。推进农民的现代化主要有三个途径:一是农业生产经营的规模化、集约化;二是推广应用农业科技,提高农民技能;三是农民职业化水平的提升。其中,农业生产经营的规模化、集约化与另外两个途径相比更为重要,因为它在很大程度上对另外两个途径发挥着决定性影响,而农业生产经营的规模化、集约化有赖于农地的规模化利用。

按照"三农化一农"路径,实施乡村振兴战略的首要任务是做强做大乡村产业,以此来推动农民转型分化,向职业化方向蜕变,这会促使农民逐渐摆脱对农地的依赖并释放出农地,为农地规模化利用提供便利条件。如果没有产业兴旺,从土地上"转"出来的农民就谈不上就业。"三农化一农"以调整土地关系为切入点,通过经营权共享等方式优化农地经营权流转机制与平台,主要目标是服务于土地规模化利用。

农业现代化是转变农业增长方式、提高土地产出率与资源利用率的过程。"三农化一农"以土地多功能利用为着力点,在生态优先理念下显化资源优势和特色,就是要在土地规模化整合中开发农业多种功能,促进现代农业产业体系构建,从农业供给侧结构性改革入手促进农业结构不断优化升级。

我国实现农业现代化需要通过培养新型农民来推动农业发展。新型农民的培养过程是农民职业化过程，主要针对的是农民转型分化后留在农业的群体，这也是农民职业化的主要对象。农民职业化作为"三农化一农"的重心和主线，不仅要推动农民的转型分化，还要不断提升职业农民的科技应用与文化程度、经营管理能力和组织化程度、收入水平与全职务农程度、信息化程度等职业化水平。劳动者是农业生产力的最活跃要素，农民职业化整体水平提高了，才能不断提升农业现代化水平。

（三）国外农业产业转型升级路径介绍

在进行农业产业转型升级时，发达国家特别注重产业一体化和中间组织的作用。

美国主要的农业产业一体化组织形式是家庭农场。然而，随着家庭农场规模扩大，农业生产力也不断提升，家庭农场主很难兼顾生产前、中、后各个环节的工作。因此，产生了大量农业服务的中间组织和公司，它们将收储到加工、包装、销售和消费等每个环节形成一个有机的整体。

随着现代农业机械的广泛应用，现代管理技术、通信和信息技术的普及，尤其是计算机技术的普遍采用，以及现代生物技术（包括遗传育种）在农业中的广泛应用，自动化技术和精准农业技术开始在大农场中得以采用，这些技术的渗透型融合进一步提高了农业生产效率。同时，农业生产单位和从事农业生产的人员数量逐渐减少，而涉及农用物资供应等产前部门以及农产品运销加工等业务的产后部门和人员数量则不断增加，这种趋势使得农业生产更加高效、精确和科学化。

法国采取以畜牧业为主，注重农牧业平衡发展的策略，并借助农业政策，使该国的农业发展处于全球领先地位。截至2017年底，法国成为欧洲农业生产的领头羊，其农业产值仅次于美国，占据欧盟农业总产值的22%，在全球农产品出口方面也位居前列。法国农业实现了高度的现代化，主要通过现代农业科技的推广应用、农业机械化的发展以及农业专业化的推进等三个方面来实现现代化进程[①]。这些举措使法国农业在效率、科技和专业化方面取得显著成就。同时，这三个方面的发展不仅成功控制了农产品市场价格，确保了产品质量，维护了农场主

---

① 宾芹，向琳．法国现代农业发展及其启示 [J]．上海农村经济．2019（6）：4042．

的利益，还使法国的农业产业实现了规模效益和降低生产成本。农户完全出于自愿去选择是否参与合作社，这使合作社成为法国农业产业化的重要力量，并成为农民维护自身利益的重要保证。法国的农业合作社广泛涉及各个领域，不仅共享大型农业机械，还提供生产资料供应，除此之外，法国的农业合作社还涉及从农产品收购、加工、储存到销售等各种技术服务和信贷等业务。合作社的发展为农民提供了全方位的支持，促进了农业产业链的协调发展。

日本农业最初采用的是典型的东亚小农经营模式。进入 21 世纪后，日本农民收入水平急速下降，2008 年农户收入绝对值是 294 万日元，不到 1995 年农户689 万日元收入的一半 [1]。

为了克服困境，日本政府实施了农业的"六次产业化"战略。通过整合产业链，日本逐渐建立起涵盖农业生产、农产品加工、农产品销售和农业服务的完整农业产业链。这种方式将过去外部领域（如城市和工业）的就业机会和附加收益内部化到农业产业中，为农业生产者提供更多的农产品加工、流通、消费和农业旅游等环节的附加值。这样一来，农民的收入增加了，农业农村发展的活力也得到了提升。

日本政府推行农业"六次产业化"是基于对日本国内农业产业实际情况和困境的深入了解。这一战略为日本经济的增长找到了新的增长点，同时在真正意义上为解决日本农业产业所面临的困局提供了突破口。

第三节　乡村振兴战略下的农业现代化对策

一、乡村振兴战略下的农业现代化基本路径

农业产业处于乡村产业乃至整个国民经济的基础地位。在乡村振兴战略的总要求中，产业兴旺被置于首要位置，实现产业兴旺的关键内容是推动农业产业的发展、壮大和增强。"三农化一农"战略将产业兴旺视为农民转型和职业化的引领方向，而提升农民的职业水平则取决于农业产业化的发展和农业现代化水平的提升。通过促进农业产业化和现代化，可以实现农民职业化水平的提升，进而推动

---

[1]　徐哲根 . 日本农户增收的产业路径及其启示 [J]. 现代日本经济，2011（3）：48-54.

农业产业的蓬勃发展。2015 年 3 月习近平总书记提出，在一些地区要率先实现农业现代化，突出抓好加快建设现代农业产业体系、现代农业生产体系、现代农业经营体系三个重点①。习近平总书记于 2015 年 7 月在吉林考察时指出，农业现代化作为"四化"建设过程中的短板，更要以建设现代农业产业、生产、经营体系为抓手。②

（一）构建现代农业产业体系

现代农业产业的发展和体系构建与技术、营销、生产方式、服务等紧密相关。农业生产体系和经营体系的构建已经融入农业产业体系的建设中。因此，可以说农业产业体系是农业经营体系和生产体系的综合体，农业产业体系建设旨在将农业生产与农业经营相结合，融入农业产业化进程，使农业产业走向规模化、集约化。我国现代农业产业体系应该是一种复合型、多层次、全方位的综合系统，应该是集农产品生产，第二、三产业原料供给，农业及相关资源开发，生态与环境保护，文化传承与创意，市场营销与服务等于一体。

现代农业产业体系是以纵向延伸和横向拓展为特征的有机整合，其关键在于提高农产品供给效率和优化农业资源配置。这是现代农业整体素质和竞争力的重要体现。当下，对于我国农业产业体系建设亟须解决的主要问题是：结构不合理，第一、二、三产融合度低，产业链及价值链短。调整农业产业结构就是要把农业产业的横向拓展与纵向延伸结合在一起，让两者相互作用，形成新业态，提升农业综合效益。

1. 保障国家粮食安全

2012 年以来我国粮食总产量连续 5 年超过 1.2 万亿斤③，但人均粮食占有量却低于发达国家。我国是一个拥有 14 亿人口的大国，如果粮食供给严重依赖国外进口，则严重威胁人民生存和国家战略安全。如果连基本的食物供应都不能保障，农业现代化就是失败的。国家之所以要确保 18 亿亩耕地红线，道理也在于此。

---

① 习近平李克强张德江刘云山分别参加全国人大会议一些代表团审议 [N]. 光明日报，2015-03-10（1）.

② 新华网．习近平在吉林调研时强调保持战略定力增强发展自信 [EB/OL].（2015-07-18）[2023-03-29].http://www.xinhuanet.com/politics/2015/07/18/c_1115967338.htm.

③ 中国新闻网．农村农业部：中国粮食产量连续 7 年稳定在 1.3 万亿斤以上 [EB/OL].（2022-06-27）[2023-03-28].http://www.rmzxb.com.cn/c/2022-06-27/3148032.shtml.

习近平总书记强调，实施乡村振兴战略的首要任务，是确保重要农产品特别是粮食供给，我们的饭碗应该主要装中国粮。[①] 为了既保障国家粮食安全，又提升农业效益，农业现代化就要构建更加合理的农业产业体系。

2. 促进"三产"融合发展

在保障粮食安全的基础上，主要解决的是农业产业如何拓展、延伸产业链，从而提升价值链、实现多次增值的问题。"三产"融合是拓展、延伸农业产业链的主要对策。促进农产品加工企业规模经营，在生态农业、绿色农业与人文农业理念下发展休闲农业、旅游农业等，并促进与之配套的乡村第三产业的发展，培育"三产"融合的新业态是主要的思路。

3. 优化产业产品结构

优化产业产品结构是推进农业供给侧改革的主要内容。当前我国农产品产量总体显著提高，但是生产结构性矛盾突出，一些产品种类较少，或者质量不高，无法满足多样化、多层次、更高质量的消费需要。例如，大豆、肉类等产品缺口大、供需矛盾突出，而粮食生产量、进口量和库存量的同步增长暴露了粮食生产存在结构性风险。因此，需要不断调整各类养殖业和种植业的产业布局比例，以市场需求为导向，逐步解决奶类、牛羊肉、大豆等供给不足的问题，同时提高农产品质量，提升产品竞争力。这样的调整将有助于缓解供需矛盾，促进农产品市场的稳定发展。

（二）构建现代农业生产体系

生产体系是发展现代农业的动力支撑，突出体现了对生产力的要求。现代农业是由先进、发达的生产装备与设施武装起来，通过先进、发达的生产方式与手段实施规模化、标准化生产的农业。我国农业生产体系建设亟须解决的主要问题是：物质装备水平相对不高、科技创新不足、基础设施相对薄弱、生产标准化程度较低。习近平同志提出要从"藏粮于仓，藏粮于民"转变为"藏粮于地，藏粮于技"的理念[②]，主要指的是走内涵式现代农业发展道路，不但向土地要粮食，还

---

① 习近平在参加十三届全国人大二次会议河南代表团审议时的讲话 [N].人民日报，2019-03-09（1）.

② 人民网.藏粮于地、藏粮于技战略——习近平与"十三五"十四大战略 [EB/OL].（2015-11-22）[2023-03-28].http://www.xinhuanet.com//politics/2015-11/22/c_128455269.htm.

要向科技要粮食。粮食生产要坚持这个理念，其他农产品生产同样要坚持这个理念。

1. 以先进的装备设施武装农业

目前我国的农业自然资源条件并不十分理想，耕地有限，尤其是优质土地较少，而中低产田较为普遍，农田水利和其他基础设施建设仍存在许多不足之处，且利用效率较低。因此，农业生产条件需要进一步改善，加强基础设施建设和农田改造，特别是水利设施的管理；同时，加强农机等技术装备的引进，不断提高农业生产的机械化程度。在面对未来信息革命形势和农业发展模式时，还要积极发展智慧农业，推进农业信息化、数字化、网络化建设等，以适应不断变化的农业发展需求。

2. 推进农业标准化生产

农业生产安全关乎人民生命安全与健康，人们对农产品生产的绿色、健康、高质量要求越发强烈，因此必须加快完善统一、权威的监管体制和制度，处理好农产品的产量、质量、安全的关系，以科学合理的标准对农业生产进行管控，还要遏制对土地和水体等资源的污染、对农业生态与环境的破坏，修复生产的生态空间。不仅要建立严格的监管标准，还要建立相应的处罚标准与问责机制，并强化执行。

3. 推进农业科技创新与推广

科学技术的创新、发展与应用是传统农业向现代农业转变的重中之重，是实现农业现代化的关键。在农业现代化建设中，需要更加重视科技创新和推广应用的作用。这意味着要紧紧抓住农业科学技术发展的趋势和规律，走中国特色农业现代化发展道路。同时，还要增加在农业科技领域的投入和研发力度，积极推广新装备、新技术、新模式、新品种，加快构建适应农业发展需求的技术体系。因此，应当更加突出地将科技创新与推广应用纳入农业现代化建设的核心，为农业的可持续发展和提升农民生活水平提供有力支持。

（三）构建现代农业经营体系

对于农业经营，邓小平同志提出了"两个飞跃"的思想。第一个飞跃，是废除人民公社，实行家庭联产承包为主的责任制。这是一个很大的前进，要长期坚持不变。第二个飞跃，是适应科学种田和生产社会化的需要，发展适度规模经营，发展集体经济。这是又一个很大的前进，当然这是很长的过程。①当前，分散粗放的传统农业经营方式已经严重滞后于现代化经济体系运行的现实需求，以农业内卷化、农民兼业化、农地细碎化、生产非粮化为特征的农业经营方式直接引致农业不断"被边缘化"，"弱者种地""差地种粮"的现象广泛存在。在农业经营中存在的这些现象主要反映的是农业生产关系方面存在的问题，破解这些问题的过程就是将土地经营方式、服务模式、组织方式、农业经营主体相结合，目的是形成立体式、复合型现代农业经营体系，提高农业产业化水平。

1. 深化农村土地制度改革

构建现代农业生产经营体系的关键步骤和重要环节是农村土地制度改革。为了促进农业产业化发展，就必须深化农村土地制度改革，推进土地的规模化、集约化利用。要坚持农村土地集体所有的"底线"思维，在坚持土地农民集体所有的基础上，深化农地和宅基地"三权分置"改革，调整土地关系。

2. 培育新型农业经营主体

农业从传统走向现代不仅表现为农业生产力的提高，还表现为农业经营主体的转变。在很大意义上，正是因为农业经营主体的转变才推动了农业生产力的提高和农业生产关系的变革，因此推动传统农业经营主体转型，培育新型农业经营主体，进而对农业生产结构进行重组优化，对农业农村各类生产要素进行集成，是农业现代化的必然路径。

新型农业经营主体泛指在传统农业向现代农业转型过程中逐渐发展起来的农业生产经营组织。新型农业经营主体一般以农户家庭为基本组织单位，通过租赁、转包等形式，受让农户流转出的土地，从事适度规模的农业生产、加工和销售；新型农业经营主体主要包括家庭农场、专业种养大户、农业专业化合作经济组织和以龙头企业为代表的农业企业；特点是以专业化为手段，以市场化为导向，以规模化为基础，以集约化为标志。我国未来新型农业经营主体的构成形式将是以农业龙头企业、专业合作社、家庭农场、种养大户为主，其他农业经营组织为辅。

3. 促进农业经营主体的融合与组织化

中华人民共和国成立后，我国在一段时期内实行了农业合作化，对促进农业

---

① 邓小平. 邓小平文选：第三卷 [M]. 北京：人民出版社，1993.

生产经营发挥了重要作用，但是在计划经济体制下问题不断凸显，农业合作化逐渐萎缩，甚至走向僵化。但是，在社会主义市场经济体制确立后，小农户分散式生产经营方式面对市场经济的发展越来越不适应，只有将农业经营主体联合起来、走组织化的市场化道路，才能在市场上占据有利位置。尤其是体量小的经营主体乃至分散的小农户抵御市场风险能力更差，更需要集合、联合起来，才能在不断发展变化的市场中立足。其中，尤为值得关注的是农民专业合作社与供销合作社的综合改革。

深化供销合作社综合改革可以增强农业规模化经营能力，调动农民生产经营积极性，降低农产品进入市场的成本，提高农产品核心竞争力，增加农民收益，同时供销合作社还可以为农民提供便捷的服务保障、农业生产技术指导、市场供求信息、资金政策支持。2019 年中央一号文件提出，继续深化供销合作社综合改革，制定供销合作社条例。

二、乡村振兴战略下的农业现代化实践对策

习近平总书记指出，要大力推进农业现代化，加快转变农业发展方式，走产出高效、产品安全、资源节约、环境友好的农业现代化道路[1]。他还指出：提高农业综合效益和竞争力，是当前和今后一段时期我国农业农村政策改革和完善的主要方向[2]。乡村振兴战略坚持以"三农"问题为导向，即以解决"三农"问题为靶标，而"解决问题的宗旨，就是为人民服务"。因此，我国农业现代化进程中必须坚持生态农业、绿色农业与人文农业三大理念，以提升农业综合效益和市场竞争力为主要方向，以深化农业供给侧结构性改革为主线，重点是通过产品、技术、制度、组织和管理创新，提高良种化、机械化、科技化、信息化、标准化、制度化和组织化水平，推动农业、林业、牧业、渔业和农产品加工业转型升级。

（一）坚持绿色农业、生态农业与人文农业三大发展理念

党的十八大以来，习近平总书记多次强调要在农业发展中，坚持以绿色生态农业为导向，正确处理生产发展与农业生态环境保护的关系，走生态环境友好、

---

① 中共十八届五中全会在京举行 [N]. 光明日报，2015-10-30（1）.
② 韩长赋. 做好新时代"三农"工作的行动指南 [N]. 人民日报，2019-07-16（9）.

可持续发展的农业现代化道路。绿色农业、生态农业作为农业发展的宏观理念，应该贯穿在农业现代化进程之中，这已经形成了广泛的共识。此外，笔者认为还应该把人文农业的理念作为农业发展宏观理念之一。因为人类的一切生产活动都是由"人"来完成的，最终是为"人"服务的，所以农业现代化进程必须高度重视"人"——劳动者素质的发展，充分体现对"人"——劳动者、消费者的尊重，还要为"人"更好地服务。在实施乡村振兴战略的大背景下，坚持绿色农业、生态农业与人文农业发展理念的主要对策包括以下几个方面。

1. 规划先行，加强生态与环境保护

树立城乡融合、一体设计、多规合一理念，将生态建设与环境保护纳入国土空间规划，融入各地经济社会发展规划、乡村振兴规划及各项专项规划（方案）。大力推动区域规模化高效节水灌溉行动，积极推进农业节水工程的大规模实施，深入实施土壤污染防治行动计划。同时，积极推行高效的循环农业模式，深入推进化肥和农药的"双减"和零增长行动。此外，集中解决农业环境中突出的问题，实施耕地、草原、河湖休养生息规划，推动山水林田湖的整体保护、系统修复和综合治理，以促进农业可持续发展。

2. 完善农业生产标准

农业标准化是指根据市场需求，确保农产品的质量和安全的同时，加快先进农业科技成果的推广和应用，运用标准化的"统一、简化、协调、选优"原则，制定和实施与农业生产的"产前、产中、产后"全过程相关的一系列标准，以提高农业生产效率和保障农产品的质量和安全。要注重农业科技通用成果的集成创新和引进消化再创新，并紧跟国际发展脚步，借鉴国际绿色农业标准化的成功经验，通过立法手段，以法律法规的形式构建完善的绿色农业生产标准化体系。

3. 完善政策与法律体系，强化政府监管责任

要严格执法，建立长久有效的制度体系、保障体系，健全从田间地头到厨房餐桌的农产品质量安全全过程监管体系，制定市场准入与惩罚措施，按照生产标准加强对农业生产的管控，控制农业生产中的生态破坏行为。

4. 提高管理者、经营者、劳动者的意识

要不断加强对农民的宣传与教育，提升农民对于绿色农业、生态农业和人文农业的了解和认识，培养农民的生态、绿色发展意识。从根本上来说，还是要提

高劳动者素质，加强职业农民培育，努力培养一大批有文化、懂技术、善经营、会管理并掌握生态农业、绿色农业知识和技术的职业农民。

（二）深化农业供给侧结构性改革

农业供给侧结构性改革的核心问题有两个：一是要提高农业的综合效益，二是要提高农产品的国际竞争力。农业综合效益与农产品国际竞争力有一定因果关系，一般来说，农业综合效益高则农产品国际竞争力就强，所以提高农业的综合效益是这两个核心问题中的重点，那么就要把提高农业综合效益作为当前和今后一段时期内农业产业化的首要任务，在此基础上努力提升国内、国际"双循环"中的竞争优势。当然，农业供给侧改革无论如何改，都要以保障粮食安全为基础，这是农业现代化建设的大前提。

在国内，农产品流通销售在很大程度上已经对接了市场，那么农业生产就要以满足消费者的习惯和需求为目标。消费者的习惯和需求在不同的经济发展阶段不断地变化，并且消费需求更加多元化、多样化，而当前生产供给方与市场对接程度较差，导致不能及时对接需求方的需求变化。所以，在农业生产领域要遵循市场规律，通过市场供求、价格、竞争的变化，及时调整生产方向与生产结构。

对外，我国农业面临的问题和挑战主要是主要粮食产品、畜产品价格高于国际价格，国际市场竞争力差。2004 年以来，我国粮价稳步提升，国际粮食到岸税后价（含运费、关税和保险等费用）普遍低于国内价格，特别是 2013 年以来价差呈扩大趋势[1]，主要粮食品种净进口均呈常态化。2006—2010 年国内外畜产品价格开始逐渐倒挂，最先开始价格倒挂的品种是猪肉，随后是禽肉和牛羊肉[2]。一直到 2020 年，我国主要粮食产品与畜产品国内价格依旧高于国际价格，并且这种价格倒挂的情形未来还将持续。之所以如此，主要是因为：粮食生产劳动力和土地成本较高；畜产品生产成本高，同时收购、屠宰、销售等中间环节的利润较高。

针对以上问题和挑战，主要对策有：

一是推进农村土地制度改革，促进土地的规模化、集约化生产经营，优化农业产业的区域布局。

---

① 李雪，郝晓燕．近年来国内外粮食价格比较及原因分析 [J]．农业展望，2016（2）：19-22.

② 张帅，朱增勇．中国畜产品贸易及国内外市场价格比较分析 [J]．中国畜牧业，2015（1）：38-40.

二是把培育农业龙头企业作为核心，同时大力吸引社会资本下乡，引导小农户对接现代农业产业，提升农业产业化水平。

三是不断提高农民素质和农民职业化率。要持续加大对农民的教化，让农民明白生产由需求和市场来决定，要根据市场和需求来提升农业生产安全指数、农产品质量。

四是推进科技创新与推广，促进农业生产方式与模式的转变，满足消费者对产品安全、质量的要求。

五是大力发展高附加值、高品质农产品生产，通过品牌建设促进农业产业化发展。品牌建设有利于农业转型升级，要结合各地乡土文化的底蕴，利用优质农业生产基地，因地制宜，整合现有品牌，培育有国际影响力的名牌，提高农产品在国内外市场的竞争力。

（三）持续加强农田、水电路网建设与信息基础设施建设

农业用地是农业生产的基础，农田是粮食生产的保障，农业水电是农业发展的命脉，农村与农田道路是农产品物流与机械化作业的条件，光纤网络与通信基站等是发展数字农业、智慧农业、精准农业与物联网的支撑。

1. 加强农田与水利建设

持续推进中低产田改造、农田水利建设，同时集中建设高标准农田，三者协调推进。我国 18.26 亿亩耕地中，中低产田约占 70%，大量劣质土地效益低[1]，耕地退化超 4 成[2]。在中低产田改造与农田水利建设中，各地政府应该承担主要职责，将其作为改善农业生产条件、提高农业生产能力、抵御自然灾害和风险能力的重点，组织专家进行研究论证与规划，制订科学的技术方案与实施计划，加大财政投入的同时建立适合本地的吸引社会资本介入的机制，并教育农民、组织农民有步骤地逐步推进。

2. 加强水电路网等基础设施建设

对于发展数字农业、农产品物流网及村庄信息化管理所必需的光纤、网络、

---

① 经济日报.我国中低产田占 70% 以上 耕地质量下降不容忽视 [EB/OL].（2013-05-21）[2023-03-29].http://politics.people.com.cn/n/2013/0521/c70731-21556518.html.

② 人民网－人民日报.我国耕地退化面积超四成 [EB/OL].（2014-12-17）[2023-03-29].https://www.gov.cn/xinwen/2014-12/17/content_2792995.htm.

基站等现代信息技术硬件设施，要做好规划与前期铺垫。当前全国具备条件的建制村全部通硬化路，行政村通光纤、通 4G 网络比例均超过 98%[①]，可以在此基础上整体规划、整修网格化管理的农田通道，将村庄光纤网络、通信基站建设向农业产业园区、农产品初加工园区乃至农田布点、延伸。

3. 加强政府投入，引入社会资本

要把政府投入作为农业生产基础建设投资的主要渠道，强化资金使用监管，保障资金高效合理使用；发挥政府财政投入的引导作用，吸引信贷资金、社会力量参与，充分调动各类农业经营主体的积极性。可以采取投资参股经营、贷款贴息、补贴等方式引导社会资本介入农村农业基础建设与农业综合开发。让工商资本下乡，注入新的资源，重新配置整个农业生产资源，可以将生产效率至少提高10%～15%。[②]

（四）以农业科技创新与推广为重点提升生产水平

现代农业是一种先进、发达、高效、生态的新型农业生产方式，是以现代科学与技术进步和科技创新为主要特征、标志和核心驱动力的新兴多功能产业体系。2015 年 8 月农业部颁发了《关于深化农业科技体制机制改革加快实施创新驱动发展战略的意见》，为农业科技创新与推广明确了方向，同时提出了全局性的宏观对策及举措。笔者就此提出四点看法。

1. 处理好农业科技创新成果知识产权保护与其保密性相对较差的关系

2015 年 3 月颁布的《中共中央国务院关于深化体制机制改革加快实施创新驱动发展战略的若干意见》首次明确了知识产权制度是激励创新的基本保障，提出要实行更加严格的知识产权保护等要求[③]，但是农业科技的研究周期长，技术性成果保密性弱，而农业不仅是基础产业，还是一个效益低的特殊产业，所以该文件提出准确把握农业科技的公共性、基础性和社会性特征。鉴于此，在农业科技的

---

① 央广网.行政村通光纤通 4G 比例均超 98%[EB/OL].（2019-08-02）[2023-03-28].https://baijiahao.baidu.com/s?id=1640729326031536834&wfr=spider&for=pc.

② 央广网.2020 三农投资：钱从哪里来 投向哪里去 [EB/OL].（2020-02-11）[2023-03-29].https://baijiahao.baidu.com/s?id=1658205795458432607&wfr=spider&for=pc.

③ 新华社.中共中央 国务院关于深化体制机制改革加快实施创新驱动发展战略的若干意见[EB/OL].（2015-03-23）[2023-03-29].https://www.gov.cn/zhengce/2015-03/23/content_2837629.htm.

创新与推广中政府应该作为行为主体，尤其是基础性研究、公共性较强的技术创新更依赖政府发挥主体作用。

2. 高度重视生物技术与生命科学等新兴学科与农业科技创新的深度融合

现代生物工程、生命科学等新兴交叉学科对农业科技创新的作用愈发凸显，尤其在关系到未来农业发展的基础性与全局性的关键领域，如品种繁育、环境友好型农药、生态型肥料、高效生态型饲料、动植物检疫与保护、土壤与水体改良等，在追求农业应用型科研成果的同时决不能放松基础研究，必须促进现代生物技术、生命科学及基因工程等学科的理论与技术在农业科技创新中的应用，并与之深度融合。

3. 在全局上推进农业机械化自动化过程中不能忽视局部

农作物全程机械化生产技术体系是实现现代农业的重要特征之一。现代农业在生产体系上呈现出一种基本趋势，即从机械化向自动化、智能化发展，并且机械化、自动化和智能化相结合的生产方式逐渐成为主导。尤其在设施农业中，现代农业的机械化、自动化、智能化特征更加明显。在整体上来看，这"三化"充分体现了农业现代化的特征，代表了农业现代化的水平，应该全局推进。但是在局部上，一些山地丘陵地区暂时还不适合机械化作业，一些林果、特种种植养殖产业也不适合机械化作业，一些传统生产方式出产的农产品具有独特价值和一定的市场需求，因此少数地方农业机械化、自动化要因地制宜，一些传统生产方式需要适当保留。

4. 以现代信息技术为主要手段革新农业生产经营模式

习近平总书记指出：世界经济加速向以网络信息技术产业为重要内容的经济活动转变。我们要把握这一历史契机，以信息化培育新动能，用新动能推动新发展。①现代农业倚赖现代信息技术的推动，以实现农业生产经营模式的革新。农产品电商、农业物联网、数字农业、智慧农业等都以现代信息技术为支撑。农业信息化就要将大数据、互联网、物联网等数字信息技术应用到农业产前、产中、产后三大领域。在农业生产、加工、仓储、物流、销售过程中，实行农产品溯源技术、病虫害监控技术可以实现远程监控，保证生产标准的落实。在农产品经营上，以大数据作为支撑，可以借助互联网构建便捷、高速的信息平台，使国内外

---

① 盛玉雷，数字经济，迈向经济发展"新蓝海"[N]. 人民日报，2016-10-11（5）.

的市场信息实现互联互通共享,实现产销直接对接。

（五）推进农业经营主体组织化,经营服务一体化

农业产业经营一体化是关系我国城乡一体化建设的重要组成部分,是一种经济共同体,是农产品进行市场化运作的现代农业模式,与经营方式相配套的是农业社会化服务体系构建,而农业社会化服务体系的构建又依赖于农业经营体系的完善,所以农业经营体系与其社会服务体系应该一体化构建。推进农业经营服务一体化,要以政府为主导、农业产业化龙头企业为核心、农民专业合作社为骨干、家庭农场为重点、高素质的种养大户为基础,各类社会资源共同参与开发,逐步从传统小农户生产方式向农产品生产、精深加工、商品流通与销售、农业社会化服务等一体化的产业链条转变。

1. 培育新型农业经营主体与其组织化同时发力

一方面要促进农业经营主体的转变,另一方面要推动新型农业经营主体走向联合经营。农业经营主体的转变包括:传统的小农户被规模经营主体替代;小农户自身实现了现代转型。当前和今后较长时期内的主要任务是积极促进传统农业经营主体的转变,倡导并鼓励专业大户、家庭农场、农民合作社、农业企业等经营主体将经营活动延伸到农业生产前的良种选育、化肥农药、畜禽饲料等产业,以及生产后的加工、流通、销售等非农商业环节,带动分散小农户合作经营,进而再将相关性比较强的经营主体组织在一起,联合起来组团发展,渐次推进新型农业经营主体走规模化、产业化之路。其中,要高度重视农业职业经理人的培育。

2. 培育与引进优质农业社会化服务组织

在农业产业发展过程中,通过农业社会化服务组织,才能为多种农业经营主体提供更好的产前、产中、产后的科研、技术、营销、金融信贷等专业化、综合化服务,保证产品来源、产品加工、产品销售、产品入市整个链条形成优势的竞争地位,壮大农业产业。在农业社会化服务组织的建设中,要十分重视农民合作社与供销合作社的综合改革。

在农民合作社综合改革中,应坚持合作制的基本价值与原则,以广大社员的利益为核心,实行合作制民主管理;应建立明晰的产权制度并完善内部治理结构;应不断改革创新以适应市场经济的发展,深化产权社会化,适时调整分配制度;应加强对合作教育的重视程度,提升合作意识和合作能力。

对供销合作社的改革，2015 年颁布的《中共中央国务院关于深化供销合作社综合改革的决定》提出，拓展供销合作社经营服务领域，更好履行为农服务职责；推进供销合作社基层社改造，密切与农民的利益联结；创新供销合作社联合社治理机制，增强服务"三农"的综合实力；加强对供销合作社综合改革的领导[①]。这些对策需要在实践中探索具体路径与举措。

3. 培育新型农业合作化组织体系

培育形成公益性服务和经营性服务相结合、专项服务和综合服务相协调的新型农业合作化组织体系。构建农业合作化组织体系的关键是建立合理的利益联结机制，要用市场经济思维，构建合理的企业、农户、政府利益市场化分配机制，可以推广合同制、合作制、股份制、产业联合体等多种形式的利益联结关系和组织化方式，促进新型经营主体和普通农户共享收益。其中要特别关注的是，努力破解小农户对接现代农业的问题。

习近平总书记指出，"大国小农"是我们的基本国情农情[②]。作为农业生产经营基本单元的小农户在我国将大量长期存在，但是我国小农户在内涵上已经发生了变化，其经营的兼业化特征比较明显。这个内涵的变化与资源节约型、环境友好型的发展方向相适应，是具有中国特色的现代农业的内涵。2019 年中央颁发了《关于促进小农户和现代农业发展有机衔接的意见》，目的就是破解小农户和现代农业发展衔接难的问题。笔者认为，解决小农户与现代农业有机衔接的关键问题是利益分配机制。

从长远来讲，要在市场化的运作机制协调下，支持劳动生产者、产品加工者、商品销售者、服务提供商等部门，通过劳动服务、订单农业、共享农业、土地流转、村集体经济分红等形式，建立新型农业经营主体与小农户之间的利益分享机制，将从事农村一二三产业的各种劳动者联结在一起，实现利益分配的市场化。

（六）不断提升农民技能和素质，推进农民职业化

现代农业的主体是职业农民，但不是个体的职业农民，而是有组织的职业农

---

① 新华社. 中共中央国务院关于深化供销合作社综合改革的决定 [EB/OL].（2015-04-02）[2023-03-29].http://www.xinhuanet.com//politics/2015-04/02/c_1114855360.htm.

② 韩长赋. 用习近平总书记"三农"思想指导乡村振兴 [EB/OL].（2018-03-28）[2023-03-29]. http://cpc.people.com.cn/big5/n1/2018/0328/c64102-29894601.html.

民，即在各类生产经营企业或组织中的职业农民。现代农业的构建必须有相应的职业农民来支撑，其进一步发展必须提高农民职业化水平。职业农民主要是由传统农民伴随现代农业的发展转化、蜕变而来，少数是由非农产业人员转行、转型而来。传统农民转化、蜕变过程的本质是农民技能与素质的提升过程，没有农民技能与素质的提升，农民职业化就难以深化。面向未来，没有农民职业化水平的提升，农业产业就难以不断升级，发展就没有后劲，即便农业现代化取得一定进展，也不能持续。因此，农民的职业化及农民职业化水平的提升始终是农业现代化的核心要素，"三农化一农"亦将农民职业化作为主线。

我国农业现代化的路径选择必定与西方发达国家不同，主要是因为我国地域广、各地差异大、农民数量多、人均耕地少的基本国情，因此必须走中国特色的农业现代化道路。我国幅员辽阔，不同地区自然禀赋、经济社会条件不同，那么农业现代化推进策略与速度不可能一样。农业现代化任务包括诸多方面，各个方面也不可能齐头并进。但是，我国有社会主义制度的巨大优势，能够统筹国家资源配置，协调区域发展及区域产业布局，调控经济社会发展节奏，所以必定能够在总体上稳步加快农业现代化进程。

推进中国特色农业现代化，要始终把改革作为根本动力。改革是推动我国经济社会发展和化解矛盾危机的内生动力，没有40多年来的农村改革，就没有农业生产力的显著提高，就没有农村面貌的巨大变化。实施乡村振兴战略在很大意义上是深化农村改革的过程，中国特色的农业现代化之路也依赖农村改革的不断深化。

乡村振兴战略是为实现国家现代化总目标而制定的总体性、全局性国家战略，就是要综合运用国家各方面力量、协调各方去化解我国发展最大的不平衡——城乡发展不平衡，最大的不充分——农村发展不充分。实施乡村振兴战略坚持以"三农"问题为导向，而农业现代化是解决农业问题的根本途径。所以，乡村振兴战略的实施为中国特色农业现代化创造了更好的环境、更有利的条件与更充分的保障。具体来讲，可以从以下方面着手。

1. 分类精准施策，加快农民职业分化

针对农民的不同需求和情况，根据其意愿和特点，采取有针对性的措施。对于选择外出务工的农民，应依法保护他们的各项权益，完善社会保障体系，并进一步提高工资待遇，引导他们实现分化。对于全职务农的农民，应重视其培训需求，加强包括现代农业技术、生产和加工等方面的培训。同时，加快推广农业生产的信息化，促进新型农业生产模式如"互联网＋农业"在农村的实施，及时向家庭农场等农业经营主体提供农产品市场信息，建立农业信息服务和技术服务的线上平台，减少农业种植的滞后性和盲目性，为农民提出合理的建议，帮助其做出科学决策。

2. 增加农民就业机会，发展新型经营主体

积极推进新型经营主体发展。一方面，要发展一批得到国家支持的经营主体，如家庭农场、农业合作社等，同时吸引更多高学历人才通过创办农业公司来推动当地农业产业化发展。这些经营主体可以提供更加专业化的农业经营管理，引入先进技术和管理理念，推动农业产业的升级和提质增效。另一方面，政府部门应建立常态化的系统性培训体系，探索更适合农民的培训方式，健全培养机制，完善从专项普及到全方位技能培训的渠道，为农业现代化提供人才支持。培训内容应涵盖生产、管理、储存等多个方面，提高农民的农业知识水平，培养一批懂市场、善经营、技术熟练的新型职业农民。

通过大力发展新型经营主体，政府能够为农民提供更全面的培训和技术支持，培育出一批具备市场意识、经营能力和技术实力的农业从业人员。同时，通过支持家庭农场、农业合作社等经营主体的发展，引进更多专业化人才和现代管理模式，促进农业产业的转型升级，推动农业现代化的发展。

为了进一步增加土地流转率，扩大单个农户的经营面积，政府应特别关注农民的非农就业状况。一方面，政府应提供更充分的农村劳动力就业服务，为有就业需求的农民提供企业招聘信息，减少因信息不对称而导致的就业困难。政府可以建立更完善的就业服务体系，通过发布就业信息、搭建招聘平台等方式，让农民了解就业机会并顺利就业。

另一方面，政府部门应综合运用财政政策和货币政策，采取多种措施保护市场主体，通过减免、返还、补贴等扶持措施支持企业发展，降低经营成本，发挥货币工具的作用。此外，还需要精确施策，向劳动密集型实体企业投放更多资金。只有确保企业的生存，才能为更多农村劳动力提供更多就业机会。

综上所述，政府应采取综合措施促进农民的非农就业，通过支持企业发展和

提供就业服务，为农村劳动力提供更多就业选择，实现农村经济的可持续发展。

3. 深化户籍制度改革，加快城镇化进程

要促进农民职业分化，加速城镇化进程，就要切实保障进城务工农民的基本利益，如随迁子女入学、就业机会、职业培训、住房保障、医疗保险和社会保障等配套服务。一方面，要保证农民工与拥有城镇户籍的人享受同等基本医疗和社会公共服务，根据农民工的具体需求完善社会救助制度。如在农民工住房保障问题上，要推进城镇住房的供给侧结构性改革，增加租赁性住房数量，改善居住条件；另一方面，要大力推行户籍改革制度，对于长期在本地稳定就业的农民工放宽城市户口迁移的限制，使得农民工能在稳定就业的城市落户居住。户籍制度的改革会逐步使户口和社会福利脱节，消除户口差异带来的不公平待遇，提高进城务工农民的幸福感、归属感，加速城镇化进程。

4. 规范土地流转市场，加快农村土地流转

由于我国存在人均耕地少、农户经营规模小等特点，通过土地流转、发展农业种植大户，可以实现农业规模化生产，为农业现代化发展奠定基础。一方面，要鼓励农民转让土地经营权，使土地由分散到集中，盘活闲置土地资源，刺激土地流转市场活力；另一方面，应完善土地流转制度，将农民的土地财产权以立法的形式确立下来，在保障农民基本权益的基础上，坚持自愿原则，采取鼓励性政策，支持农民加入农业合作社或直接流转，以分红和土地租金的形式提高农民收入，解决已流转农民关于土地产权、收益方面的疑虑，实现农村劳动力稳定持续流向工业部门，从而为农地集约化、规模经营创造条件。

第四章 科技支撑乡村振兴面临的问题及解决思路

本章对科技支撑乡村振兴面临的问题及解决思路进行了论述，主要包括四个方面内容，分别是科技支撑乡村振兴的现实需求与关键着力点、科技支撑乡村发展、科技支撑乡村振兴面临的突出问题、新形势下科技支撑乡村振兴的对策建议。

第一节 科技支撑乡村振兴的现实需求与关键着力点

一、乡村高质量产业体系构建，需要加快农业科技创新

当前，我国农村农业生产仍然以传统粗放型的经营方式为主，迫切需要以科技创新提高农业综合效益和竞争力。一是我国人均耕地少、耕地质量不高、耕地后备资源不足，迫切需要通过新品种选育、试验示范和良种扩繁及田间管理等新技术应用，提高农业土地生产率。二是农村劳动力越来越缺乏，农业机械化水平仍偏低，迫切需要加快机械化、信息化、智能化技术创新，提高劳动生产率。三是大力发展测土配方施肥、节水灌溉、水肥一体化、科学防治病虫害等技术，并通过综合技术集成提高资源利用率、投入产出效率，推动农业高端化、绿色化、集约化发展。

同时，我国农村第一、二、三产业间衔接不够，迫切需要以科技创新促进农村第一、二、三产业融合发展。我国乡村产业链偏短，迫切需要通过多领域技术融合促进要素融合和产业融合，发展信息化主导的智能农业、生物技术引领的农业生物制造产业、可持续发展的绿色农业；开发农业旅游新产品、新服务，推动农业旅游业创新发展；以信息化技术应用促进农业电商普及发展，推进"互联网+"现代农业发展。

二、乡村创新创业蓬勃兴起，需要科技激发活力

（一）互联网信息技术打破城乡资源梗阻，降低创新创业市场壁垒

互联网为"三农"提供了新的市场交易方式，带动了生产领域科技创业的发生。通过农业与信息产业的融合，还可以催生农业物联网、在线农业、数字农业、直播农业、抖音农业等新业态，为农民提供更多的致富路径。

（二）加强平台建设促使创新创业主体间及农户间的技术交流畅通

通过网络平台可以将新技术和生产经验传播出去，在少数创新创业示范户的带动下，不断地有更多的人参与到利用新技术创新创业的队伍中，当新技术跨省份、跨地区传播时，会实现新技术的再次创新，并不断因地制宜地对新技术进行改进，最终完成新技术的传播扩散

（三）完善技术服务体系以优化创新创业生态

技术是创新创业成功的关键因素之一。通过完善技术供需匹配机制，优化技术服务体系，增加创新创业主体实际需要的技术供给，可以从技术到服务为创新创业主体提供全方位的支撑。

三、强化农村民生保障，需要提升民生技术有效供给能力

（一）科技助力完善农村基础设施建设，改善农村生存状态

目前，我国农村基础设施建设依然落后，缺乏科学规划设计、建造技术和材料，迫切需要科技支撑，借助信息技术收集农村基础设施测量数据，利用大数据分析、社区建设和住宅建筑设计模块化技术与软件，对农村基础设施建设和公用设备配置进行科学发展规划。

（二）科技助力提升基本公共服务能力，提高农村生活质量水平

城乡配套公共服务差距较大，要素流通不畅，迫切需要利用信息网络技术，搭建平台，促进优质服务资源向农村流动。要加强农村信息网络硬件建设，实施村村通网络工程，创新推广大数据技术，建立大数据平台，推进乡村社会的"互

联网＋乡村治理"模式，使乡村治理不断走向协作共享型治理和整体性治理。

（三）科技助力拓宽农民脱贫致富路径，缩小城乡收入差距

只有依靠科技创新的现代化的市场化的农业才能为农民增收提供更多的机会，使农民从传统的种养殖产业开始转向从事休闲观光、智慧农业、农村电商等产业，拓宽农民脱贫致富的路径。要充分运用农业科学技术，在保护环境和节约资源能耗的前提下，既能为农村建设留住人才，又能缓解农村劳动力就业压力，促进农民增收。

四、促进乡村生态宜居，需要完善乡村环境技术服务体系

（一）依靠科技改善农村生产环境

农业生产发展与资源环境硬约束的矛盾日益凸显，农业高收入与生态环境保护的矛盾需要依靠科技创新来破解。迫切需要以科技为手段，加强"三废"污染物处理、农业绿色生产设备、废弃物循环利用、资源保护与综合利用等关键技术创新，大力推动绿色农业、生态农业、休闲观光农业等发展模式，转变农业生产方式和资源利用方式，实现农业生态良性循环与农业的可持续发展。

（二）依靠科技改善农村生活环境

我国农村垃圾年产生量约1.2亿吨，但90%得不到合理、安全或无害化处置，垃圾、废弃物随意倾倒、丢弃、堆放，致使农村生活环境恶化。要进一步发挥科学技术的作用，加快垃圾污水处理、农村畜禽粪便处理、农村清洁能源生产、资源高效利用、节水节能等技术应用，对农村生活垃圾、污水、禽畜粪便、作物秸秆等生产、生活废弃物进行无害处理以及再利用，减少对农村生活环境的污染；通过大数据监测、数据处理、统计分析、综合规划等技术应用，对农村生活基础设施需求进行分析，制定更加科学准确高效的农村垃圾处理设施规划。

（三）依靠科技加强乡村生态保护与修复

乡镇企业粗放式生产造成工业污染遗留，农村土地资源破坏严重，当前，全国有40%的耕地土质较差，农村土壤修复任务艰巨。面对农村生物多样性减弱、

农村自身生态修复能力减弱的问题，要利用环保科技创新破解农村生态系统保护及修复难题。一是通过矿山修复技术、土壤资源修复等农村生态修复技术，加强农村生态环境修复；二是通过生物、清洁能源技术、旱区水资源保护与综合利用等高效能源环境保护技术，保护自然生态环境，减少对环境的污染。

第二节 科技支撑乡村发展

一、科技支撑乡村产业高质量发展

乡村产业高质量发展离不开科技支撑，必须要着力提升农村产业基础装备水平和劳动者素质，加快农业先进科技成果转化应用，促进农业农村第一、二、三产业融合发展。随着我国农业农村土地经营规模、从业人员结构、国家战略和经济社会发展理念等的变化，以及人工智能、互联网、大数据等新一代信息技术持续向农业农村生产生活领域渗透，我国农业农村产业组织形态、生产方式和技术服务模式等均发生了许多变化，呈现一些新特点和新趋势

（一）科技支撑乡村产业发展的典型模式

基于实地调研和文献梳理，根据技术服务主体、服务对象、服务内容、服务方式等不同，当前科技支撑乡村产业发展的典型模式主要可以划分为以下5种：涉农高校院所主导的产学研合作服务模式，科技特派员主导的专家指导型服务模式，农业科技企业主导的市场化服务模式，农村科技组织为平台的村民自我服务模式，农业科技园区综合集成服务模式。从不同服务模式的运行机理和服务内容、服务方式及实际成效等来看，每种服务模式都有其优势，也存在短板和不足。

1. 涉农高校院所主导的产学研合作服务模式

涉农高校院所主导的产学研合作服务模式是指涉农高校及科研机构通过项目合作或购买服务等方式为涉农企业和地方政府提供农业科技服务，开展农业产学研技术合作的模式。合作内容主要包括：一是涉农高校及科研机构同地方政府共建农业科技园区、新农村科技服务基地，开展新农村建设宏观战略研究，建立大学生实习基地、实训工厂，以及涉农高校及科研机构生产试验与示范基地、成果

中试和小试基地等；二是涉农高校及科研机构同涉农企业开展农业技术领域的项目合作、技术咨询、人员培训等服务。实地调研显示，目前我国涉农高校及科研机构仍然是乡村产业科技服务供给的技术源头，它们依靠自身的学科和人才优势，为地方农业农村产业发展和企业生产提供基础理论知识、专业技术人才培养、技术研发与推广等服务。如枞阳县白云生态园林有限责任公司同安徽省农业科学院、江苏大学等涉农高校及科研机构开展技术合作，并通过与周边村民联合组建合作社，向村民传播西瓜、葡萄、猕猴桃等种植技术，由白云生态园收购后进行统一销售，实现了"产供销"一体化，带动农民致富。安徽省官山生态农业发展有限公司通过与安徽农业大学、安徽省农业科学院等涉农高校及科研机构合作，引进培育新品种"仙羽舌白茶"，因地制宜地培育一批适合本地栽培的新茶叶优良品种：白茶、黄金茶，使茶叶的产量和质量跃上一个新台阶。

2. 科技特派员主导的专家指导型服务模式

科技特派员主导的专家指导型服务模式是一种发端于农村基层并在政府积极推动下逐步形成和完善起来的新型农村科技服务模式，指以涉农高校及科研机构的科研人员为骨干，深入农业农村一线开展技术服务的一种模式，并与农民结成利益共同体，实现科技"高位嫁接、重心下移"，形成科技人员基层创业活动的长效机制。科技特派员把农业科技、人才、管理机制导入田头，与涉农企业、种养殖大户、合作社和普通农户等通过技术承包、试验示范、技术咨询等方式提供技术指导，解决农业生产发展的关键技术瓶颈，解决了当前农业发展面临的诸多痛点和难点，为乡村振兴战略实施提供有效的科技支撑。如浙江省安吉县科技特派员通过打造农民田间学校，建立特派员示范基地，培育科技示范户，形成了"科技特派员＋合作社＋试验示范基地＋示范户"的推广体系。科技特派员通过科技普及，做给农民看、带着农民干；通过与生产经营主体结对帮扶，建立了科技示范基地；通过实施科技项目及开展技术培训和指导，推广一批适用先进技术。

3. 农业科技企业主导的市场化服务模式

农业科技企业主导的市场化服务模式是指涉农科技服务企业根据农业生产经营者的技术需求，以新品种、新技术和农资装备等的引进、交易、推广和服务等为主要内容，以追求利润为目的，按照市场化的交易方式和运营机制，把科技服务作为商品，提供科技服务的模式。当前，我国农业科技服务市场化主体主要包括涉农服务企业和技术服务中介机构。其中，涉农服务企业是指从事农业生产、农产品加工、储藏及农业生产和销售服务等的经济实体，如农场、饲料厂、农产品加工企业、乳制品企业等，它们往往采用"企业（技术中介）＋农户"模式，企业通过自身组织模式创新加速企业科学技术提升，进而辐射带动农户加速对农业科技的应用。如广西贺州市正丰现代农业股份有限公司通过建设广西（贺州）健康食品农产品检验检测认证中心，建立以企业为龙头的农业生产标准化、农产品质量追溯体系和现代农产品冷链物流体系，构建起了市、县、乡（镇）、村四级农产品质量安全监管体系、追溯系统和农业投入品台账制度，加快了农业先进科技成果的引进和转化，促进了农业增效和农民增收。

涉农技术服务机构是以最新的农业技术和配套服务为商品，以营利为目的，以技术的引进、交易、推广和服务等为手段，通过面向政府、涉农科研单位、农业院校、农业企业、农民专业合作社和农民等技术需求主体提供农业新品种与新技术，开展项目策划与规划，进行管理决策咨询与信息分析等有偿服务来获取经济利润的一种新生代科技服务组织，诸如各类农业科技咨询与信息服务公司等。如安徽天弘网络科技有限公司依托省专家库、省农委、县农委等平台开办枞阳天弘职业培训学校，并聘请外部电商专业人才进行初级、中级与高级农村电商培训，可以满足不同创业者的电商技能需求。同时，通过聘请乡镇农业技术推广站技术人员和外部专家，为当地农村青年创业提供更加精准和专业的技术服务。

4. 农村科技组织为平台的村民自我服务模式

农村科技组织为平台的村民自我服务模式是指农村种植养殖大户和农民专业合作社中的乡村能人通过外部知识输入和技术学习，然后再对村民委员会或合作社组织中农户及社员进行技术培训、生产示范和品种推广、传播、扩散的科技服务模式。该模式以农村家庭承包经营为基础，以农业科技为主线，以农民为主要成员，围绕某个专业合作组织或产品组织，在技术、资金、采购、销售、加工、储运、开发等环节开展互助合作，为村民和社员提供产前、产中、产后全方位服务的一种技术服务模式，是农民自我服务、自我发展和自我保护的一种行之有效的组织形式。实地调研显示，目前，农民专业合作社已成为农业技术推广服务的重要渠道。究其原因：一是作为政府和农户之间的连接纽带，有利于协助政府做好农业技术与品种的引进；二是作为企业和农户之间的中介，有助于组织广大农户进行规模化、标准化生产，提升农业技术与品种的采用效率；三是便于组织好内部农户和社员进行技术交流与推广；四是作为农户利益的代表，便于同政府和企业进行农业公共服务方面的事务协调。这种农村技术服务组织已成为乡村科技服务体系的重要组成部分，它在服务功能和运作方式上也更接近广大农民，从而能更好地反映农民的生产意愿和技术需求，提高农业生产的质量和效率。

5. 农业科技园区综合集成服务模式

农业科技园区是融合了乡村产业技术转移孵化、技术培训、新品种和新技术试验示范、农业技术人才培训、农产品加工和储藏、农业生态观光与休闲等多种功能于一体的现代产业集聚区，也是农业科技实际应用的示范园区。它拥有检验检测仪器设备、中试小试基地、生产示范基地、大规模产业园区、农产品加工车间、文化旅游与生态休闲观光区、科普教育基地等多种公共平台和服务功能，是我国现代农业科技成果转移孵化和技术集成创新的重要载体区。其技术需求涵盖农业产前、产中、产后，以及农业、工业和服务业等各个环节，并由单一经验型转向综合科学型的技术体系，包括生物技术、资源技术、设施技术、机械装备技术、信息技术、储藏加工与运输技术等。近年来，我国政府开始探索乡村产业技术服务的集成化和综合型服务模式，并开始在全国各地创建现代农业示范区、农业科技园区和农业高新技术产业开发区等各类农业产业园区。如陕西杨凌农业高新技术产业创新示范区探索建立了以农业大学为依托，以企业为主体，以现代媒体为平台，构建起新型多元化农技推广模式。目前，杨凌示范区科技对外示范推广总面积达 3058 万亩，形成"科技示范—周边带动—广泛辐射"和"现代农业、田园村庄、新型农民"一体化推进的"杨凌模式"。河北省石家庄市赵县现代农业园区集绿色果蔬生产、畜禽养殖业和农产品销售、技术服务于一体，建立了包括温室大棚、农耕生态旅游、果树、有机主粮、养殖、菌类生产、锦鲤养殖、冷链配送在内的八大模块，有效促进了园区的绿色化和生态化建设。

（二）不同农村科技服务模式比较

1. 农村产业服务模式互为补充，共同支撑乡村产业高质量发展

不同类型的农村产业服务模式在其服务主体、服务对象、服务方式、服务内容、服务效果及面临问题等方面各具特色、各有差异，但彼此又相互补充、密切协作，构建一个有机系统，使新型农村产业服务系统的整体功能得以充分发挥。

2. 市场化服务模式将逐步成为农业农村科技服务体系的主导

农业科技企业主导的市场化乡村产业技术服务模式通过服务内容、技术手段与推广方式的创新，提高了农业科技成果的转化效率，也提升了新型农业经营主体的技术应用水平。未来，随着我国农业产业化水平持续提升，乡村产业技术服务开始由公益性质逐步向市场属性演化，市场化的乡村产业技术服务体系将成为一种更加持续有效的技术服务模式，并在我国乡村产业技术供给和服务中扮演越来越重要的角色。

3. 涉农高校及科研机构科技人员到乡村创新创业的活力有待进一步激发

大学乡村产业技术服务推广模式主要为技术创新提供知识创造、理论支撑和技术研发；而科技特派员则将农业技术进行下沉，打通了农业企业、农业大户和农民技术需求的各个环节。但目前，我国国有企事业科研人员归属于单位所有，科研人员首先必须要完成单位"核心业务"，不具备自主技术推广属性，受传统科研论文评价机制束缚，导致大量的人才被困在体制内，难以支撑乡村产业发展。

4. 村民自我服务模式是新型农村科技服务体系的基层堡垒和毛细血管

当前，农民专业合作社已成为农村技术服务的重要组成部分和内容，能在技术供给和农民需求之间架起沟通与合作的桥梁，并在服务功能和运作方式上更接近广大农民，从而更好地反映农民的生产意愿和技术需求。

5. 农业科技园区将成为农业高新技术推广与应用的重要载体

农业科技园区通过综合平台将技术、人才、资本、营销渠道、涉农高校及科研机构、农业企业等结合起来，实现了研发平台、创新载体、成果孵化、创业培育、示范基地建设和农业科技人才培养的集成整合功能，进行多主体、多环节协同创新，属于中心化的技术研发与应用集成基地。新时期乡村产业高质量发展将更加依赖于农业科技园区的集成创新和示范推广。

二、科技支撑乡村人才创新创业

（一）创新创业科技需求分析

1. 科技人员下乡创新创业中的技术需求

科技人员下乡创新创业中的技术需求内容主要涉及与科技成果产业化相配套

的中试、小试技术需求，包括市场、经营管理信息。国家为给科技人员松绑，支持涉农高校及科研机构人员依规兼职兼薪或离岗创业，加速科研人员下乡创业。当前科技人员创新创业形式主要包括：科技人员自己创办企业、科技人员与企业合作创办企业、科技人员技术入股协办企业。科技人员创新创业内容主要是涉及科技成果产业化或提供科技服务，本身就是科技下乡的一种重要途径，需要科技人员以资金、技术、管理入股与农民形成利益共同体，形成全产业链服务对接模式。

2. 大学生下乡创业模式的技术需求

大学生下乡创业模式的技术需求内容主要是创业实践指导培训和与市场需求相适应的创新性应用技术。当前我国大学生下乡创业模式主要包括：独立创业模式，如大学生可以在当地举办相关专业的培训机构，向当地农民传授相关农技知识；信息服务创业模式，大学生利用自己对市场信息的了解、对网络知识的掌握以及自己的专业优势，通过信息服务模式拓宽当地产品的销售渠道，为农户解决问题；合作社创业模式，通过创业成功者结对帮带，当地农民以入股的形式联合创办合作社，高薪聘请农业专家传授专业知识，大学生负责生产经营技术，指导当地农民进行生产经营。大学生创新创业缺乏实践经历、必要的管理经验，技术需求内容主要是创业实践指导培训和与市场需求相适应的创新性应用技术。

3. 农民工返乡创新创业对集成化、交叉融合、全链条产业技术需求

新时期沿海东部产业向中西部梯度转移，城市知识、技术溢出，产业链低端部分外包，城市经济加速向农村转移，农民工回乡创业兴起。返乡农民工利用打工所积累和掌握的资金、技术、经验、信息，结合家乡的特有资源、借助国家有关农民工返乡创业的促进政策和项目，集中在对技术、资金要求不高的相关领域内开展生产和经营活动，通过兴办企业、农业产业化经营提供产品或服务，获取剩余价值。农民工返乡创业，以合作、入股、承包和租赁等方式创办农村合作社、家庭休闲农场、农业企业、食品生产加工厂以及农村社会化服务组织等。返乡农民工具备了农业产业化经营意识，按照全产业链、全价值链的现代产业组织方式创新创业，从传统农业种养殖，参与到农产品加工或经销中，使农业向农工贸一体化、产供销一体化的方向转变，从而带动农产品原料基地和营销网络建设，延长农业产业链条，实现了以工业、服务业有力促进农业发展和城市反哺农村。返

乡农民工的技术需求对集成化、交叉融合、全链条产业技术需求更加迫切，需要围绕产业发展提供全链条、完整的科技服务。

4. 农村能人创新创业技术需求

农村能人创新创业技术需求多集中在传统种养殖业基础上进行新技术引进及应用和商业模式创新。农村能人创新创业模式主要是指各行业文化素质高、懂管理、会经营、有一技之长的"田秀才""土专家"，以及致富带头人、种植养殖大户等在本地开展创新创业。当前农村能人创新创业形式主要有：技术服务创业形式，通过购买一批农机具，创办农机具中介服务组织；创办合作社形式，部分种养殖大户借助长年技术积累，当地农民以入股的形式联合创办合作社，农村能人负责指导当地农民进行生产经营；家庭农场形式，部分懂农业技术、懂经营管理的农村青壮年劳动力转向从事农业经营，创办家庭农场。

（二）创新创业技术获取效果分析

（1）科技人员下乡创新创业模式技术获取效果如何，取决于科技人员的技术成果产权划分是否明晰。科技人员下乡创新创业模式技术获取渠道单一，科技人员下乡创新创业模式中技术获取来源多为科技人员在研究所工作期间所取得的，受科技成果知识产权划分是否明晰影响。

（2）大学生下乡创新创业获取的技术多缺乏实践性。大学生创新创业技术获取渠道主要有教师及校友技术支持、网络学习培训、孵化基地创业培训，具有较强的理论性。大学生创新创业属于起步阶段，对市场化科技的获取能力较弱，大多依靠政府、社会关系获取技术，但目前政府对大学生创业政务服务、公共服务提供不足，尚不能为大学生创业者提供培训、研发、苗圃、孵化全方位服务。

（3）农民工返乡创新创业技术获取效果多取决于政府技术培训是否具有适用性和实操性。当前，我国农民工返乡创新创业模式中技术获取渠道主要有大众传媒（广播、电视、网络渠道）、组织传播（政府组织创业技术培训）、人际传播（经验积累）。但因为大众传媒和人际传播渠道的信息大多是知识普及，实用性不强。要解决当前农民们农业技术水平较低问题，关键是加强对农民科技学习方面的培训。

（4）农村能人创业的技术获取效果受市场化科技获取高成本制约。相比较而言，农村能人创新创业技术获取渠道更加多元化，技术获取更有针对性。多数农村能人具有一定的组织协调能力，农村能人了解外部市场和自身的比较优势，一定程度上，农村能人可担当企业家决策者的角色，与政府、企业、科技中介机构等外部科技供给主体进行谈判，强化组织网络的外生联系，更能够实现技术需求与供给的匹配。但目前我国农村经济能力有限，市场化科技供给主体少，市场化科技获取成本很高，多数农村能人创业的技术获取方式是长期积累的技术经验人人相传，科技信息获取能力弱。

（三）创新创业科技支撑作用效果分析

通过深入剖析乡村人才创新创业典型模式的实践案例，发现4种典型模式科技要素导入各有利弊，其科技支撑效果也各有不同，现归纳如下。

（1）对于科技人员创新创业模式而言，具有天然技术优势，但如何将技术与资本、信息、装备等更好地结合，建立长效科技支撑机制，成为科技支撑作用效果的关键。科技人员自身拥有技术成果，科技人员到农村创新创业具有天然技术优势，但科技人员农村创新创业也存在资金短缺、预算不科学、项目选择不合理、引进新技术不稳定、新产品缺乏市场等情况，以及责权利不清晰、土地整理不配套、发展节奏慢等问题。科技人员创新创业模式科技支撑作用发挥得如何主要看能否与资本、信息、装备等更好地结合，建立一种长效的科技支撑机制。

（2）大学生创新创业模式科技支撑作用发挥如何，主要在于政府创业公共服务保障，如创业政策、政府创业教育培训等；科技创业公共服务平台；资金问题，如是否存在融资难问题。科技是大学生创新创业的原始推动力，在促进大学生创业就业中，科技主要发挥三个方面的作用：一是以科技项目为重，牵引促进大学生到农村创业就业，加大从大中专毕业生、大学生村干部中选派科技特派员，给予政策支持；二是发挥农业科技园园区、"星创天地"的核心承载作用促进大学生创业就业；推行创业导师、创业苗圃、创业培训等系列扶持创业举措，使大学生实现"零成本"创业，降低创业风险；三是积极拓展科技金融服务体系，为大学生创新创业提供全方位金融支撑。

（3）返乡农民工创新创业模式科技支撑作用发挥如何，主要在于技术适用性。政府应加大引导，通过"星创天地"、创业园等完善孵化服务，强化平台实验、示范作用。返乡农民工具备一定的资金、人脉积累，也有市场意识和丰富的管理经验，城市打工经历成为其有效的创业"孵化器"，但返乡农民工创新创业也存在年龄偏大、学历层次不高、专业不对口，资金支持不足、缺乏核心竞争力等问题，在农村开办新企业时，往往照搬城市经营模式，在结合本地特色资源时，难以充分发挥当地的比较优势。因此，需要政府加大引导，通过"星创天地"、创业园等完善孵化服务，强化平台实验、示范作用。

（4）农村能人的模范示范作用效果成为新技术、新品种能否推广的关键。农村能人拥有天然的乡土人脉优势，在农户组织关系构建发展中，农村能人发挥着显著作用。农村能人创新创业模式的技术推广扩散能力较强。但农村能人创新创业也存在文化素质偏低、创业综合能力不强、缺乏专业的创业培训体系等问题。农村能人科技信息获取能力弱，实际科技需求常常获取不到，科技供给与需求契合度欠佳。农村能人对于农民具有很强的示范和激励作用，对于没有多少资本和技术的贫困农户来讲，他们没有抵御新技术、新品种尝试风险的能力，农村能人的模范示范作用效果成为新技术、新品种能否推广的关键。

三、科技支撑乡村民生发展

当前，我国城乡公共服务差距太大，农村民生领域的社会化服务体系建设严重滞后于现实需求。本部分将通过在全国选择若干典型地区开展问卷调查、实地调研和专家访谈，归纳和梳理当前我国农村教育、养老、疫病、设施建设、信息化等民生领域最迫切的技术需求。同时，对当前我国农村民生科技供给能力进行分析和评估，梳理当前可满足的技术需求类型和不可满足的技术需求类型。在此基础上，重点探讨我国农村民生科技供给渠道及不同供给渠道技术服务的优劣势，进而为政府层面引导农村民生科技发展提供理论依据。

（一）新时期农村民生突出问题及科技需求

1. 农村健康卫生发展科技需求

当前我国农村医疗手段不当、医疗设施陈旧，农民看病难、看病贵、因病致贫、因病返贫现象依然存在。农村健康卫生发展滞后，迫切需要科技支撑，简单、易用、低成本、智能化的疾病监测平台、设备设施成为迫切需求。随着远程医疗、智能医疗等技术的不断成熟发展，农村智慧医疗是缓解农村医疗条件落后、医疗资源短缺的有效手段。以洛阳市利用远程医疗服务基层为例，通过河南科技大学第一附属医院、洛阳市中心医院牵头组建"远程会诊系统"等多种途径，在洛阳市各级医疗机构中实现了远程医疗服务网络全覆盖，有力缓解了农民看病难、看病贵问题。

2. 农村养老服务科技需求

当前，我国农村老无所依问题日渐显现，"空巢"老人养老问题突出。根据国家第六次人口普查数据，全国农村空巢老年人家庭比例为30.77%。目前，农村养老服务仍以传统方式为主，对科技的应用很少涉及，智能呼叫机等智能设备和互联网实时监测平台等新技术、新设备应用需求旺盛。科技可以在农村养老服务中起到积极作用。如通过智能手环的使用防止老人走丢，并实时监测老人的健康水平；通过物联网、智能终端的使用，当老人独自在家发生紧急状况，可以向外界发送求助信息。"互联网＋养老"模式是当前缓解农村养老条件落后、养老服务资源短缺的有效手段。

3. 农村教育科技需求

乡村学校基础设施落后，乡村教师待遇较低、教学生活条件差、流动性较大，导致乡村学校教学质量参差不齐，生源流失严重，教育城镇化率远远高于常住人口城镇化率。农村地区留守儿童教育目前已经成为农村教育中的突出问题。借助互联网平台、微信等智能化终端，可以突破空间和时间的限制，通过实时在线沟通、在线教育等方式弥补教育资源匮乏、家庭教育缺失等短板，帮助解决留守儿童教育缺失和农村教育资源匮乏问题。

4. 农村文化娱乐科技需求

我国农村以传统村落为代表的农耕文化、家族文化传承文化命脉断裂，商业化气息过于浓厚；与城市相比较，农民文化娱乐的基础设施不完善，文化娱乐休闲的种类形式过于单一。在提升文化娱乐活动方面，科技可以用作辅助和改善文化活动的工具。可以通过PC端（包括电子阅览室、广播）、移动端（包括手机App、微信）等进行全媒体推送，利用信息化技术，搭建打造多功能"文化云"平台，整合文化资源和服务信息，把丰富的文化娱乐内容带进农村。例如，绵阳市推出文化云服务，综合运用云计算、云存储、大数据、流媒体等技术，通过整合绵阳各文化资源、拓宽文化传播渠道、提高公共文化传播水平，为广大基层人民群众提供内容丰富的文化产品及快捷、互动的文化交流方式。

5. 农村地区信息化服务需求

我国农村互联网相关基础设施普及情况相对较差，农村互联网普及情况远低于城镇，农村公共服务和管理信息化水平低，简单、易用的现代信息化操作技术缺乏，对聚焦改变农村生产生活的集监测、信息共享、知识普及于一体的互联网平台、App 等智能终端需求迫切。在农村地区信息化服务中，迫切需要加强基于"多网合一"技术的数据库技术、网络通信技术、农村社区网络建设等关键技术，突破一批低成本和低技术门槛的软硬件产品；加强信息技术在农村社区政务、医疗、财务、教育、文旅及突发事件应急等方面的配套集成，大力提升农村灾害综合防御体系的技术水平；提升农村社区的管理和信息化服务能力。

6. 农民生活设施建设科技需求

我国农村电网、垃圾处理厂、污水处理设施、人畜饮水设施、供热燃气设施等基础设施建设滞后。我国村镇空间布局缺乏科学规划，功能分区不合理，迫切需要村镇区域规划与人口、资源、环境、经济发展互动模拟预测和动态监测等技术，补齐农村电网、垃圾处理、污水处理、人畜饮水、供热燃气等设施建设短板，完善农村社区空间布局。农民住宅设计不合理，低成本、适合本地特色的采暖降温、集中废弃物处理和能源利用技术与装备缺乏，迫切需要以绿色节能建材、特色化民居、住宅开发建设标准为重点的农村住宅建设技术。

（二）农村民生科技供给分析

基于实地调研和文献梳理，根据农村民生科技供给主体的不同，笔者认为当前农村民生科技供给渠道主要包括：政府渠道、高校院所渠道、市场化渠道、农村社区互助组织渠道。不同农村民生科技供给渠道科技支撑效果存在差异。

1. 技术服务内容

目前，我国农村民生科技供给渠道主要有政府、高校院所、民生科技公司及民生科技中介服务机构、农民专业合作社等农村社区互助组织四个方面。政府是公益性民生科技供给服务主体，政府提供的农村民生科技服务内容主要包括公共管理、公共服务、公共产品。公共管理主要是与农村民生科技相关的技术执法和监管；公共服务主要是为广大农民直接或间接提供新设备、新技术的引进、实验、示范及推广等公共服务；公共产品是为农民提供技术体系、技术模式、技术标准、技术规程等公共服务性产品。多聚焦在重大疾病防控、食品药品安全、人口老龄化等重大基层公共民生问题领域。涉农高校及科研机构技术服务主要内容是基础理论、技术研发、技术指导及培训，具有较强的理论性，与实际需求契合度不高。市场化农村民生科技服务基于实际需求和有偿获得。民生科技企业和技术中介服务机构致力于通过市场化的交易平台与价格机制，为技术需求主体提供全程的、定制化的技术与管理服务，市场化农村民生科技服务内容更加多元化、个性化，但市场化农村民生科技服务是针对签订协议的用户提供的针对性技术服务，对农户需要现场示范与技术培训的需求满足不够。农村社区互助组织技术服务内容以技术应用示范推广为主，是技术供求双方联系的纽带和桥梁，它们的存在有助于加快新技术的应用。

2. 技术获取效果

涉农高校及科研机构具有天然的科技资源优势，当前技术获取多是自主创新或联合创新。政府渠道民生科技获取多是行政命令、项目形式，多是从政府民生科技相关部门直接获取、从涉农高校及科研机构和民生科技企业购买获得，多以论文等书面形式呈现，涉农高校及科研机构对于实用技术的研发力度不够，政府渠道技术获取多存在与实际需求契合度不够的弊端。农村社区互助组织的技术获取渠道为政府技术推广、与涉农高校及科研机构和企业项目合作、向涉农高校及科研机构和企业购买技术服务、社员技术积累，当前农村政府技术推广效率低下、合作社资金有限、社员科技素养不高，农村社区互助组织的技术获取效果不佳。民生科技公司及科技中介机构的技术获取渠道包括依靠自主创新、企业和科研机构联合研发、涉农高校及科研机构的科研成果引进消化后开展技术供给。企业基于市场（农户）需求有针对性地进行技术研发、引进，相比较而言，市场化渠道技术获取效果是比较有效的。但当前我国大部分农村民生科技相关企业仍以中小型为主，更倾向于与涉农高校及科研机构合作，共同进行技术研发，并促进科技成果产业化与市场化。因此，可以采取"专家＋企业＋农户"的模式发挥企业科研和资金优势，以及涉农高校及科研机构的科技资源优势，且紧密结合市场需求。

3. 技术服务与辐射带动能力

在农民专业合作社中，技术转移和扩散是以农民的利润动机驱动的，农村社区互助组织更能产生良好的示范与带动效应，因此，农村社区互助组织在技术应用扩散方面更有效率。涉农高校及科研机构是技术的创新源，主要通过政府和市场两种方式提供民生科技，技术服务多以短期指导为主，时效性强，只能针对性地解决部分技术难题，技术扩散能力较弱。目前，我国市场化渠道民生科技服务推广与供给方式主要包括"设备／平台＋技术服务""企业生产基地＋技术服务""技术中介＋技术服务"三种方式，市场化渠道民生科技服务多是有偿服务，以追逐利益为本能的市场化技术供给主体会忽略农民的真实技术需求和利益诉求，并且，当前民生科技市场化主体发育不足，技术创新能力有限，技术服务与辐射带动能力不足。

4. 技术供给效果及影响因素

目前，农村民生科技仍以政府供给为主，但政府对农村民生科技投入保障不足，管理体制不完善，农村科技政府推广人员素质不高，推广方式和理念落后，政府公益性民生科技供给基础薄弱；并且，政府渠道民生科技供给难以适应个性化民生科技需求。涉农高校及科研机构渠道民生科技供给多以短期技术指导为主，对于实用技术供给不够，与实际需求契合度不够。我国民营民生科技企业、民生科技服务中介机构还处于起步阶段，市场化民生科技供给主体发育不足，民生科技供给能力亟待加强，主要受市场化技术服务与推广方式、技术供需利益分配机制、企业创新能力等因素影响。农村社区互助组织渠道在技术应用及扩散方面有较好带动作用，但外部民生技术支撑不足、内部技术人员素质不高、资金缺乏等因素，制约了合作社的服务创新和职能拓展。

四、科技支撑农村生态环境保护

当前，气候异常、动植物病虫害、土壤肥力下降、农药化肥用量增加等国内因素以及经济贸易全球化对农业和粮食发展带来的冲击等外部因素，都使农业生产环境日趋复杂。大量农药和除草剂的使用，不仅造成环境污染，导致生物多样性急剧下降，而且使许多地区面源污染占污染负荷比例甚至超过工业污染。农村生态环境面临的这些严峻挑战，极大地阻碍了我国农村经济社会的可持续发展，阻碍了美丽乡村、美丽中国的实现。解决这些问题，除了要靠政策、靠外力扶持之外，更重要的是靠科技创新强化生态环境保护与修复，才能为农业农村生态环境治理提供强大动力。

（一）农村生态环保科技服务供给分析

农村环保科技支撑体系是以促进农村科技创新为目的，通过政府政策支持与市场机制共同作用而形成的主体功能定位准确、相互关系协调、运行机制完善、多要素合理配置和科技成果得以顺利转化的有机组成系统。

1. 政府环保科技供给

政府环保科技供给主要分为两个大的系统：生态环境部和部门环境管理。在生态环境体系中，实行"中央、省、市、县"四级架构组织模式，按照业务范围，设立环境规划、科研、教育宣传、自然保护、大气污染防治、水污染防治、政策立法、标准、固体废物管理、放射性物质管理、有毒物质管理、外事活动与行政事务等机构，另外，还设有直属单位，如环境科学研究院、环境保护监测总站、环境保护学院与学校等事业单位。地方环境保护机构一般受地方政府和上一级生态环境局的双重领导。在生态环境局体系内部，上级机构针对全国农村环境共性的问题，制订环保科技供给计划，下级机构执行和落实该计划。各级生态环境局由同级政府部门统一进行生态环境局的人事安排、经费预算和机构设置，其农村环保科技供给计划，由同级行政主管部门根据地区农村环境发展情况制订。

（1）环保技术获取

生态环境局作为农村环保科技（公共产品）的主要提供者，与直属环境科学研究院以及环境科研、教育机构具有天然的联系，同时这些机构在资金、人员、信息、技术等方面掌握着大量国家环境科技资源，是我国农村环保科技获取的主要渠道。环境主管部门根据农村环境保护需求制定农村环保科研项目，由科研机构与环保企业进行竞标，项目完成后由环境主管部门邀请环保专家，根据相关环保标准进行验收。

（2）技术推广体系

目前，农村环保技术推广还没有形成体系（如农业部门下设技术推广体系），主要原因是我国农村环保技术推广还处于探索阶段，并未形成专门的农村环保推广机构，农村环保科技推广主要依靠生态环境局行政体系、生态环境局相关科室（水生态环境科、海洋生态环境科等），从环保科研院所获得相关技术，并组织实施环境保护和修护工程。由于涉及农村居民层面技术多数属于公共物品范畴，政府成为农村环保科技产品的主要提供者。政府除了通过自身体系提供农村环保科技产品外，还通过财政购买、财政补贴、PPP^①等方式购买企业的农村环保科技产品，引导企业参与到农村环境治理中。

2. 环保科技企业供给

农村环境综合治理主要包含几大方面的内容，农村居民层面：

供水、污水、水源地治理，固废环卫以及能源方面的光伏、散煤替代等问题；农业层面：如化肥、农药的减量化、禽畜粪污的治理、秸秆"五料化"处理、节水灌溉以及耕地的修复等。企业层面提供的环保科技，主要涉及农业产业层面技术（节水灌溉、化肥农药减量、耕地土壤修复等技术），多数属于非公共物品，企业根据农村产业需求，制订研发计划，通过市场渠道向用户提供技术服务。

（1）环保技术获取

环保科技企业内部设置环保科技研发部门，是企业环保技术创新的重要载体。环保科技企业的技术获取渠道主要包括如下几个方面：一是企业自建研发中心，进行技术研发和转化。随着国家经济转型，不断推进绿色发展，环保产业迎来新的发展机遇，形成一批大中型环保科技企业，科技研发投入逐年提高，科技创新能力不断加强。二是企业通过技术交易市场，从国内外购买技术成果。这种方式主要适合小型环保科技企业，企业一次性购买环保技术知识产权，可以短期获得收益，减少企业科技研发成本和风险。三是企业与涉农高校及科研机构合作，利用涉农高校及科研机构丰富的科研资源，针对环保科技研发面临的难题展开攻关，通过与涉农高校及科研机构签订知识产权转让协议，获得技术成果所有权。

（2）技术推广体系

环保科技企业主要针对非公共物品领域（如化肥、农药的减量化、秸秆"五料化"、节水灌溉等），提供技术推广服务。环保企业为了增加环保科技产品销售量以及建立稳定销售渠道，除了提供农村环保科技产品外，还提供后续的技术跟踪服务工作，保障环保科技产品质量。

（二）科技支撑农村生态环境保护面临的问题

当前，我国社会食品、药品安全问题仍然面临着严峻的复杂形势。其原因有以下两个方面：一方面是经济利益的驱使导致城市和乡村工业污染向农村的排

---

① 指政府与社会资本的合作模式。

放；另一方面则是农药、化肥残留度较高对农业土壤、水源造成污染，以及禽畜粪便的污染。此外，由于许多农村生活垃圾处理设施建设滞后，农民生活垃圾也对农村环境造成一定程度的污染，进而导致农产品和药材源头污染，造成食品药品安全隐患。目前，农村环境污染已经成为降低社会幸福感的重要因素之一，应加快利用科技手段推进生态环境保护及修复。从农村环保科技供给来看，环保科技研发产出具有极强的公共产品属性，存在市场失灵的困境，依靠市场难以迅速有效筹集大量资金并承担较高风险。通过文献梳理和实地调研发现，目前，我国科技支撑农村生态环境保护仍面临以下问题。

1. 农村生态环境保护科技成果转化效率较低

由于环保科技具有准公共性和外部性，环保科技中介服务的重要机构主要都是由政府部门设立或者主管，只有科技咨询与服务方面的中介机构才通过市场方式来运作，由社会力量兴办。而环保科技专业细分和碎片化、跨学科需求、难以标准化的应用型开发、成本制约性突出和大量突发任务等特点导致国家体制科研机构通过课题攻坚模式的产业化转化效率比其他领域低很多。一方面，现代农村复合污染所需要的不仅是单一的专项技术，还包括多层次、多方面的综合配套技术。而我国农村环保科技创新的成果却以单项成果居多，综合配套技术成果较少。另一方面，现有农业科技创新立项为市场、为生产服务的观念仍显薄弱，技术创新成果呈现适应性差、不成熟、不配套的特点；加上农村科技创新成果推广力度不够，使我国农村环保科技创新对农村环境改善和生态农业发展作用不明显。

2. 农村生态环境保护监测技术水平有待提升

第一，农村环境质量监测的范围较小、要素不全。例如，我国大气质量监测网以城市为主，大部分农村地区还没有得到全面覆盖。我国已经监测的9414个水源断面，主要包括国控断面和沿岸海域水质监测，但在农村地区并没有相应的监测断面。

第二，缺乏农业过程技术规程，无法有效地整合数据监管资源。农业种植业、林业植树等面源污染或生态影响过程不同于点源污染的监管，更多地需要从过程监管入手，但是目前我国缺乏农村环境质量监测与评估技术规范，难以对各地农村环境实施量化评价、监督考核和针对性管理。

第三，有关生态环境的数据多分散在各级部门的政策文件、规范标准、统计报告等纸质或电子材料中，相关数据收集难，缺乏有效数据整合平台，导致监测难度增大。

3. 不合理的现代农业科技使用导致乡村生物多样性降低

大量人造化学物质进入农业生态系统，一些来不及适应化学污染的物种，率先消失甚至灭绝。而经过农药等石化物质"洗礼"的一些害虫与杂草，则趁机占领了生态位，变得更难对付。例如，燕子、丽斑麻蜥、青蛙、瓢虫、螳螂等本身就是农田卫士，如今被农药替代了，自身生存都成问题。害虫少了，以昆虫为生的鸟类也面临着严重的生存问题。直接造成的后果是生态平衡被破坏，害虫、杂草与病害治理成本更高。大量农药和除草剂使用，导致生物多样性急剧下降。

4. 农村环保科技投资回报机制不健全

农村环境保护项目普遍带有公益性特征，盈利能力不强，不同项目的投资回报机制和盈利渠道差异较大，往往不能依靠最终用户买单，部分项目对政府投资、付费和补贴依赖度较高，政府有限的财力制约了环保产业的进一步发展。而金融机构由于农村整体征信体系的不完善，一直以来对农村环保项目的热情不高，对于农村环保项目的支持力度普遍不大。同时，随着我国补贴政策取向的变化，相关企业也将面临盈利模式重大调整的难题。一些PPP项目因盈利机制问题而被清除出库。部分乡镇企业资本力量薄弱且片面追求经济利益，也就难接受代价较昂贵且短期经济效益低的环保生产技术，陷入恶性循环。

第三节　科技支撑乡村振兴面临的突出问题

一、农村科技体制和服务体系亟待优化

农业农村科技技术供给主体分别为政府、企业、高校院所，但市场化农村科技服务主体缺乏，农业科技服务体系不完善，直接影响了农业科技成果转化进程；并且，各类农业科技服务机构各自为政问题严重，缺乏相应的合作与协调机制。此外，受学术论文、专利和项目为导向的评价机制影响，现行农业科研管理体制和评价机制束缚了科研人员开展技术服务的积极性，致使科研体系对农业生产实际需求反应迟钝。

二、资本短缺仍然是阻碍科技要素导入乡村的重要瓶颈

近年来，虽然许多城市工商资本逐渐向农业农村领域转移，并逐步加大对农业的投入力度，但对技术的下沉和大范围扩散带动作用仍然不明显。实地调研发现，由于缺乏有效的激励机制和风险补偿机制，导致社会资金对农业科技创新投入和引进仍然缺乏足够兴趣；再加之金融机构对农业支持力度不足，资金短缺成为农业科技创新的现实瓶颈。同时，由于农业效益比较低，农民学习和采用新技术的投资成本太大，导致因采用某项新技术而失去投资另外一项活动的机会成本太高；加上采用某项新技术的风险较大，导致农民对农业技术投入意愿降低。这也从根本上挫伤了农民采纳新技术的积极性和主动性。

三、农业科技服务平台和载体建设严重不足

当前，农业农村产业高质量发展越来越依赖多项技术、设备和知识的集成创新，因而需要打造一批高质量的农业科技创新公共服务平台，通过平台来实现技术、人才、信息、仪器设备等的集成创新与高效服务。当前，由于地方政府农业技术公共服务跟不上，基层农业技术推广站既没有信息、技术、检测等公共服务平台，也缺乏专职技术推广人员，基层农业技术推广体系基本"线断、网破、人散"。公益性的农业技术公共服务平台缺失，导致地方农业产业技术体系化建设滞后。与此同时，各地的农业大数据中心和分析平台也有待加快建设，农业大数据中心和分析平台建设滞后，极大阻滞了我国农业技术的扩散和应用。

四、农业土地制度改革滞后

受我国土地资源人均水平较低和家庭联产承包责任制的影响，我国农业土地碎片化、分散化情况仍然比较突出，致使农业土地规模化、产业化水平低下，这直接制约着农业新技术、新装备及新模式的采用和推广。尤其对"规模性技术"的采用会造成严重阻碍，如机械技术、生物技术、化学除草技术、病虫害综合防治技术和中低产田改造技术等现代农业技术，单个农户根本无法独自采用。

五、农村人力资本匮乏

一方面，由于当前农村工作环境不佳，待遇不高，难以吸引经验丰富、技术过硬的技术推广的学科带头人、专家及青壮年技术人员，农村各类专业技术人员短缺问题仍然突出。由于基层农业技术推广队伍人才缺乏，农业技术推广服务体系尚未充分发挥良好作用。另一方面，当前农民综合素质和科技素养普遍有限，缺乏接受新知识和新技术的能力，农民自身缺乏对农业科技的内在需求，通过新技术来改善自身生计的积极性不高，很大程度上阻碍了科技在农村的广泛推广。

第四节　新形势下科技支撑乡村振兴的对策建议

一、加快农村科技体制和服务体系改革

一方面，要探索建立农业科技相关部门定期沟通会商机制，联合研究编制科技支撑乡村振兴专项规划，统筹全国、区域和涉农行业各方面科技资源，加快科技创新成果和服务向乡村领域渗透。另一方面，要贯彻实施以知识价值为导向的分配政策，加快落实科技成果转化收益、科技人员兼职取酬等制度规定；深化科技成果权益管理改革，强化科技成果产权对科研人员的长期激励，充分激发新型多元农村科技服务主体活力。

要通过立法或部门规章的形式，明确多元化农村科技服务主体职责和功能定位，完善多元化农村技术服务体系。要从财政资金扶持、技术推广项目倾斜、产学研联合攻关等多维度，支持企业、涉农高校及科研机构等多元化主体联合开展科技攻关与技术服务。具体包括：完善农业科研机构和大专院校等服务支撑体系建设，构建"产、学、研、用"紧密结合的农村科技协同创新服务体系；加强科教资源整合，联合各方力量构建"技术创新—成果孵化—试验示范—技术外包服务"全生命周期的农村科技服务体系，推动服务组织化、集成化；壮大和提升农村社区互助性农业技术服务主体及能力建设，充分发挥农民社团组织纽带作用；构建"以政府为基础、市场为主体、科研与教育机构为支撑、农村社区互助性组织为依托"的多元化新型农业技术服务体系。

二、加大对农村重点领域的科技投入

目前，我国农村科技服务诸多领域仍然存在较强的公益属性，因此政府仍承担着乡村科研投入的主要责任。政府应加大对乡村产业高质量发展、民生改善、创新创业和生态环境建设领域的技术研发、中试小试基地、星创天地、技术转移、技术服务采购等领域的投入，推动乡村振兴各个环节技术需求的系统化解决；要确定乡村振兴中科技创新的重点领域，谋划创新重点科技研发专项，将科研经费按比例优化投入到基础研究、应用研究、开发研究中。与此同时，政府还要出台相关优惠政策和措施，逐步引导和建立起以企业为主导、市场需求为导向，资金来源多渠道、投资主体多元化及投资行为商业化的乡村科技投入与服务体制。

三、强化农村科技创新配套设施及公共技术服务平台建设

要聚焦农业农村发展新需求，面向计量、标准、信息、检验检测、认证认可、创业孵化等公共服务领域，搭建一批农业科技创新服务平台和服务载体，促进农业新技术、新品种同装备、人才、资本等的高效整合和集成创新；并以政府购买服务形式，引导企业搭建公共技术服务平台，加快技术服务溢出。要大力实施现代农业科技成果转化示范工程，加强农业类工程技术研究中心、产业技术转移中心、农业科技园区、专家服务基地、科技信息服务站等成果转化平台建设，在省级新农村示范片大力推进农业科技园建设，稳步发展农业技术交易市场。可以采取政府牵头、社会资本介入、技术创新主体提供技术支撑的协作方式，着力构建一批乡村科技服务中介机构信息网络，并坚持市场化运行机制和管理方式，发挥集群优势，为技术与市场之间的交流转化提供服务平台。同时，利用微信公众号、互联网平台、"快手"等新媒体来加速农业科学技术进村入户，推动传统农业技术应用载体平台化、规模化和专业化，改善服务质量、降低服务成本、提高服务效率。

四、加强多层次技术人才培养

具体包括：建立以科研和市场并重、短期和长期相结合的科学合理专业技术职称评定制度，以培养领军人才和创新团队为重点，加强农村科研人才队伍建设

研究，制定高校毕业生到农村创新创业在土地流转、社会保障、财政减免、信息服务等方面的配套政策；进一步提高高等农业院校人均综合定额拨款标准，强化高等农业院校农业学科设置，依托大学、科研院所和大中型企业，共建一批实验实习基地，通过扶持一批农业科学特色大学和服务机构，培训一支农业技术人才服务队伍；根据区域主导产业发展需求，选择一批高等农业院校，以"定招、定培、定岗"方式，实行四年制"全科式"本科教育；以推广工作量和服务绩效考核评价农技人员推广服务成效，健全农技人员考核、激励机制，建立农技推广人员岗位聘用制度和定期培训制度。

要积极整合科技、财政、农业、科协等多部门教育培训资源，依托新型农民培训阳光工程倍增计划、农民绿色证书工程等各类资源，加强新型农民和农村生产型、技能服务型、经营型实用技术人才的培养。具体包括：依托农业科技大学、专家课题组等技术服务载体，以组织技术骨干、农村经纪人、返乡农民工等为重点，开展高效种养殖实用技术、新型农机工具使用等培训；依托互联网开展视频学习、远程课堂等多元化教育培训；针对不同的服务领域，研究制定差异化、针对性的职称评定标准和依据，建立健全新型多元化农村科技服务主体的职称评定机制。

第五章　推进乡村人才振兴战略思路研究

本章阐述了推进乡村人才振兴战略思路，主要包括五个方面内容，依次是问题的提出、乡村人才的供需现状、乡村人才振兴的实践探索、乡村人才振兴的战略部署、乡村人才振兴的保障措施。

第一节　问题的提出

长期以来，乡村人才单向流入城市给乡村发展带来巨大挑战。城镇化、工业化背景下，大量农村劳动力向城市转移，导致农村产生人口老龄化、村庄空心化等突出问题。农业生产领域，青壮年劳动力、基层农技人才、经营管理人才严重短缺，农业生产内生发展动力存在严重不足。随着乡村青壮年劳动力大量流失，一些传统文化、农耕文明无法得到有效传承，乡村正在逐渐失去原本的生机和活力。乡村干部老龄化严重、综合素质偏低，乡村经济社会发展面临治理困境。

当前，农业农村经济社会转型急需一批高素质、复合型人才。从传统农业向现代农业转型，实现"让更少的农民种更多的地"，培育新型农业经营主体，促进农业规模经营，需要培养一支有文化、懂技术、善经营、会管理的高素质农民队伍。农业与第二、三产业融合发展，拓展农业的多元功能，凸显农村的多元价值，农产品加工业、休闲农业和乡村旅游、"互联网＋"农业、农业生产性服务业等新产业、新业态蓬勃发展，在农业农村内部产生了各种各样的创业机会和就业岗位，需要培养一批产业发展的领军人才和电子商务、农业科技等各类专业人才。面对乡村治理人才短缺的问题，需要不断提升乡村治理效能，培育、引进高素质乡村治理人才；面对城乡教育、医疗等公共资源差距大的现状，需要不断提升乡村公共服务质量，培育引进年轻、优秀的乡村教师、乡村医生。当前，乡村生产、生活、教育、医疗、消费、娱乐等方式都在迅速发生深刻转变，直播带货、在线医疗、在线教育等正在悄然发生，从而对乡村人才也提出了更高的要求。

乡村人才短缺已经成为制约乡村振兴战略实施的重要瓶颈。农业农村经济社会转型对乡村人才的需求逐渐旺盛，供给不足和需求旺盛导致乡村人才短缺。乡村人才难以满足实施乡村振兴战略"产业兴旺、生态宜居、乡风文明、治理有效、生活富裕"的目标要求，在各个领域、各个环节都存在不同程度的人才短缺问题，既表现为数量短缺，也表现为质量不高和结构不优。乡村人才短缺也是当前我国城乡、工农关系失衡的具体体现，充分体现了当前城乡发展不平衡、农村发展不充分这一客观事实，根源在于长期以来的城乡二元体制造成了农业农村发展的全面滞后。因此，必须破除城乡二元体制形成的思维定式，消除"重城轻乡、先城后乡、有城无乡"的社会偏见和陈规陋习，在思想上、行动上作出重大调整，创新制度、政策和资源配置方式，推动城乡要素自由流动、平等交换。

乡村人才振兴需要加强战略思路研究，强化顶层设计和制度保障。为打破乡村人才制约瓶颈，鼓励引导人才资源向农业农村回流，有效激发各类人才参与乡村振兴的主动性、积极性和创造性，需要系统梳理乡村振兴战略对乡村人才的需求，分析培育引进乡村人才的深层困境，提出强化乡村人才振兴顶层设计和制度保障的对策建议。

第二节 乡村人才的供需现状

乡村人才振兴，要契合乡村振兴战略对乡村人才的需求，系统梳理乡村人才分类，客观描述乡村人才供需现状，为后续形成全方位、多层次乡村人才结构体系奠定基础。

一、乡村人才的分类说明

首先，从中央政策文件、地方实践探索两个方面对乡村人才分类进行简要梳理，然后结合乡村振兴战略对乡村人才的需求，提出本报告对乡村人才的分类说明。

（一）中央政策文件对乡村人才的初步分类

现有的中央政策文件还未对乡村人才进行系统分类，但是对一些重要的乡村人才给予了重点关注，为系统梳理乡村人才提供重要参照。2018 年中央一号文件《关于实施乡村振兴战略的意见》，重点关注了新型职业农民、农村专业人才、科技人才、社会各界人才、"三农"工作队伍这五类乡村人才。2018 年，中共中央、国务院印发《乡村振兴战略规划（2018—2022 年）》，重点提到新型职业农民、农村专业人才、社会各界人才、乡土文化人才、"三农"工作队伍这五类人才。与2018 年中央一号文件不同的是，文件中将科技人才并入农村专业人才，在发展乡村特色文化产业、丰富乡村文化生活中提出要挖掘培养乡土文化本土人才。2019年新修订的《中国共产党农村工作条例》第 21 条"各级党委应当加强农村人才队伍建设"中，重点提到乡村教师和医生、农业科技人才和技术推广队伍、高素质农民、乡土人才。

（二）地方实践探索中对乡村人才的具体分类

围绕乡村人才振兴，一些省市先行探索，制定出台了乡村人才振兴的相关规划和意见。他们结合各地实际情况，对乡村人才进行具体的分类，为系统梳理乡村人才提供实践基础。例如，浙江省宁波市出台《宁波市乡村振兴人才发展规划（2019—2022）》，将乡村人才具体分为五类，分别是现代农业领军人才、农业科技人才、高素质农民、乡村创业创新人才、乡村管理服务人才；浙江省湖州市制定出台《湖州市关于推进乡村人才振兴的实施意见》，提出要重点培育五类乡村人才，分别是产业发展的领军人才、服务乡村的专业精英、双创带动的乡村创客、乡村治理的能人乡贤、各行各业的工匠能手；山东省德州市成立乡村人才振兴专班领导小组，制订《德州市乡村人才振兴实施方案》，在人才分类方面重点关注了新型职业农民、农村实用人才、农技推广人才、科技人才、返乡创业就业人才等；山东省平度市制定出台《平度市关于推动乡村人才振兴的实施意见》，提出要重点抓好产业领军人才、经营管理人才、专业技术人才、乡土文化人才、乡村治理人才等五支人才队伍建设。

（三）本报告对乡村人才的分类说明

参考中央政策文件和地方实践探索中对乡村人才的分类，结合乡村振兴战略"产业兴旺、生态宜居、乡风文明、治理有效、生活富裕"的总目标，坚持内部培育和外部引进相结合，可以将乡村人才分为以下五类。

1. 乡村治理人才

围绕"治理有效"要求，建设一支"懂农业、爱农村、爱农民"的乡村治理人才队伍，具体包括村两委班子成员、大学生村干部和第一书记、"新乡贤"等。

2. 农业经营人才

围绕"产业兴旺"要求，培育一批"懂技术、善经营、会管理"的农业经营人才队伍，具体包括新型职业农民、农业经营管理人才、创新创业人才等。

3. 农村专业人才

围绕"产业兴旺、生态宜居"要求，为发展现代农业、建设美丽乡村提供专业技术支撑，具体包括农业科技人才及农业技术推广队伍、乡村规划建设人才、各类乡村工匠等。

4. 社会服务人才

围绕"生活富裕、乡风文明"要求，不断提升农村公共服务质量，具体包括乡村教师、乡村医生、法律顾问、乡土文化人才等。

5. 社会各界人才

响应政策号召、基于市场推动、源于乡情呼唤，社会各界人士积极参与乡村建设，具体包括企业家、党政干部、专家学者、医生教师、规划师、建筑师、律师、技能人才等各方面人才。

二、乡村人才的供需现状分析

乡村人才短缺已经成为制约乡村振兴战略实施的重要瓶颈，具体体现在以下三个方面。

（一）乡村人才数量短缺

乡村振兴需要大量乡村人才，但乡村人才普遍存在数量短缺的问题。

1. 乡村治理人才数量短缺

农村治理精英外流严重，大量青壮年劳动力外出务工，带走了乡村治理的精英主体，多数农村的大学毕业生也选择在城市就业，并没有选择服务农村。

2. 农业经营人才数量短缺

随着工业化、城镇化的快速发展，大量农村劳动力外流，农村劳动力老龄化、妇女化、兼业化趋势明显，发展现代农业，保障粮食安全，面临"谁来种地"的问题，农业经营人才存在数量短缺。我国新型职业农民队伍正在不断发展壮大，新型职业农民正在成为发展现代农业的主力军，但新型职业农民占农村劳动力总量的比例仍然偏低。

3.农村专业人才数量短缺

农业科技推广队伍人员存在不足，例如，安徽省阜阳市每个乡镇平均只有3个农技人员，四川省达州市农技推广人员还有10%的空编率。乡村规划建设人才数量严重不足，难以满足乡村振兴战略对乡村建设在乡村规划、房屋设计等方面的需求。

4.社会服务人才数量短缺

乡村医生面临"青黄不接"的局面，大量乡村医生陆续离职弃岗，乡村医生和卫生员数量锐减。乡村教师缺口严重，一个教师身兼多门课程的情况比比皆是，相对贫困地区乡村教师招聘出现大面积遇冷，大量岗位无人报考。乡土文化人才同样流失严重，他们未能得到有效的组织管理和社会认可。

（二）乡村人才质量不高

乡村振兴迫切需要高素质人才，但乡村人才普遍存在质量不高的问题。

1.乡村治理人才人力资源素质较低，领导能力不足

根据清华大学中国农村研究院的调查数据，乡村干部的年龄普遍偏大，平均年龄为47.2岁，50岁以上的占比高达33.86%；乡村干部的学历普遍较低，以小学、初中、高中和中专文化程度为主，占比高达85.45%；乡村干部的领导能力普遍不足，表现为思想观念落后，跟不上农村发展的步伐，学习能力差，难以接受新的治理技术，执行力不强，不能及时落实各项政策。

2.农业经营人才人力资源素质较低，经营能力不足

据2016年全国农业普查统计，农业生产经营人员中，年龄在35岁以下的不到20%，高中及以上文化程度的不到10%。我国农业劳动生产率偏低，农民科技文化水平不高，接受新技术的能力不强，迫切需要培育一批有文化、懂技术、善经营、会管理的新型职业农民，从而更好地服务现代农业发展。

3.农村专业人才人力资源素质较低，服务能力不强

农村基层农业科技推广队伍年龄老化、学历不高。乡村规划建设人才培养体

系缺乏系统性，难以满足乡村振兴战略对专业人才的靶向需求。

4. 社会服务人才持续递减，后备力量不足

乡村医生流失严重，尤其是年轻乡村医生无心扎根乡村，乡村医生面临年龄和知识老化、队伍不稳定等问题，陷入了"招不进、留不住"的发展困境。优秀乡村教师也面临"招不进、留不住"的困境，乡村教师质量参差不齐也影响着乡村教育的质量。

（三）乡村人才结构失衡

农业农村经济社会转型对乡村人才结构提出了更高的要求，当前乡村人才还面临结构失衡的问题。

1. 乡村人才年龄结构失衡

农村地区大量青壮年劳动力外流以及农村地区无法吸引优秀青年人才，导致村干部、农村劳动力、乡村医生等都普遍存在年龄偏大的问题。

2. 乡村人才学历结构失衡

知识型、技能型、创新型乡村人才流失严重，村干部、农村劳动力、农技推广人员等普遍存在学历不高的问题。

3. 乡村人才行业结构失衡

乡村人才中，生产型人才偏多，技能型、经营型和管理型人才偏少，从事种养殖业的人才偏多，从事农产品加工、流通以及农业服务业人才偏少，人才行业分布极不均衡。

三、乡村人才振兴的深层困境

乡村人才短缺，其背后既有制度层面的问题，也有操作层面的问题，下面我们从"培育人才、引进人才、使用人才、留住人才"四个方面来剖析乡村人才振兴的发展困境。

（一）乡村人才培育机制不健全

亿万农民是实施乡村振兴战略的主体，乡村人才的内部培育是乡村人才振兴的基本立足点。当前乡村人才培育机制不健全导致乡村人才短缺，主要体现在以下两个方面。

1. 乡村人才培育力度不够

新型职业农民培育规模偏小，全国 1500 万个新型职业农民占农村劳动力总量的比例仍然偏少，尤其是专业技能型和社会服务型新型职业农民的培训力度还很不够。农业经营管理人才，尤其是现代农业的领军人才，还十分稀缺。农技推广队伍老化弱化，服务能力明显不足。乡村干部，年龄偏大、学历偏低、领导能力普遍不足，亟须提升综合素质。

2. 乡村人才培育体系不健全

当前乡村人才培育体系缺乏整体规划，培育模式过于单一，人才培育难见成效。涉农职业教育体系不完善，专业设置不够灵活，难以完全契合乡村经济发展与乡村振兴的现实需要。新型职业农民培训课程设置上停留在种植和养殖等大众化项目上，实用性课程课时不够，存在培训内容"学非所用、用非所学"的问题。农村实用技术种类繁多，集中培训的针对性效果不理想，不少培训流于形式。乡村人才的服务保障没有真正落到实处，缺乏对乡村潜在人才的感召力。

（二）乡村人才引进机制不通畅

想方设法从乡村外部引进人才，是乡村人才振兴的重要渠道。当前乡村人才引进机制不通畅导致乡村人才短缺，主要体现在以下三个方面。

1. 乡村人才引进力度不够

吸引城市各类人才返乡下乡，包括农民工返乡创业、农村大学生返乡创业或回乡就业、引进中高级专业技术人才、引进乡村规划建设人才等，招引力度不够，有效办法不多。尤其是乡村教师、乡村医生，人才流失严重，招不进又留不住，说明政策向乡村倾斜的机制还未建立。

2. 搭建人才招引平台不够

在校地合作方面，未能搭建起有效的交流合作平台，难以推动农村大学生返乡回乡创业，难以促进科研成果的有效转化应用。在吸引外出人员返乡方面，没有整合区域资源优势，形成一批基础设施完备、创新条件完善、服务能力较强的创业孵化基地，难以吸引具有发展潜力的外出人员投资家乡。

3. 乡村人才支持政策难落实

乡村人才优惠政策宣传不到位、不接地气，导致优惠政策知晓率偏低。优惠政策普遍申请复杂，沟通成本高，耗费申请者大量时间精力。针对返乡创业的扶持政策政出多门、变动较快、持续性不足，政府部门与创业者信息不对称，创业者办事找不到门路、摸不清头绪，一些需要多部门协调的问题难以解决。优惠政策和服务职能多向工商资本倾斜，对普通返乡创业人才扶持的含金量少，在补贴和贷款政策上存在"树典型""垒大户"等现象，影响到下乡返乡创业人才的积极性和成功率。

（三）乡村人才使用机制不灵活

用好用活各类人才，是乡村人才振兴的有效方式。当前乡村人才使用机制不灵活导致乡村人才短缺，主要体现在以下三个方面。

1. 乡村人才职称评定制度不完善

农村人才评价标准单一，"唯学历、唯职称"现象和理念长期存在。乡村人才种类繁多，大量实用型和技能型人才的职称始终得不到相关部门的公正认可。各地人才分类标准向工业、科技等领域倾斜多，对农业领域的覆盖面较小，部分地区中、高层次人才的分类标准中能够对应技能人才的类别较少，致使农村专业人才晋升通道狭窄、发展受限。外来人才存在"认定难"问题，各地人才评价体系各有特点，各地人才分类标准不相同，导致用人单位跨区域引进外来人才后，部分人才难以与本地现有人才划分标准相匹配，资格认定缺乏依据，在一定程度上阻碍了人才流动。

2. 县域专业人才统筹使用制度不健全

县域范围内，各类专业人才城乡分布不均，高素质人才多集中在县城，没有建立县域专业人才统筹使用制度。由于各地、各部门在主观意识上往往更重视抓资金、上项目，忽略人才开发，相关职能部门也难以形成合力，缺乏一个综合部门对县域专业人才进行统筹协调使用。

3. 城市人才下沉机制不到位

乡村医生、乡村教师、科技文化人才紧缺，城市人才定期服务乡村制度没有建立。由于政策支持不够到位，保障措施不够完善，在健全职称评定、职务晋升、人才培养使用等方面，未能形成有效的正向激励机制，城市人才下沉格局难以有效形成。

（四）乡村人才留人机制不到位

留住乡村人才，是乡村人才振兴的关键所在。当前乡村人才留人机制不到位导致乡村人才短缺，主要体现在以下五个方面。

1. 农村人居环境质量有待提高

农村人居环境普遍较为脏乱，生活舒适感低。尽管近几年来我国持续加大对农村人居环境治理的投入力度，农村人居环境也得到极大改善，但是，由于存量问题较多、增量问题难解，人居环境治理"最后一公里"难题普遍存在，农村地区的人居环境与城市地区依然存在很大差距。

2. 农村基础设施条件有待提升

农村基础设施条件较为缺乏，生产成本较高。农村基础设施完善程度与农村地区创业尤其是涉农创业的成本紧密相关。涉农创业项目前期在道路、电力、水源、通信等方面的基础设施投资很大部分由创业者承担，而后才是厂房建设、设施、苗种等实际投入。一些地方电力、供水、网络的持续运转得不到保障，影响了创业项目的持续运营。基础设施不健全增加了创业成本，放大了经营风险，影响了相关人才返乡创业的积极性。

3. 乡村创业机会相对不足

乡村的市场发育不成熟，服务体系不健全，职业发展空间小、机会少，缺乏有效的创业和就业机会，投资回报率长期低于社会平均利润率，人才价值难以充分实现，投资回报难以有效保障。

4. 农村配套基本公共服务相对落后

随着经济发展水平不断提升，乡村人才在社会安全、文化教育、医疗卫生等方面的诉求日益增多，但是农村现有的教育、医疗、住房、社保等配套公共服务供给难以跟上乡村各类人才需求，缺乏留住人才的基础。

5. 乡村人才的待遇水平不高

村干部的待遇水平低，职业发展有明显的天花板，削弱了乡村干部的工作积极性和主动性，村干部难选、难当、难留问题突出。乡村医生、乡村教师的待遇水平低，人才流失严重，后备力量严重不足。

第三节　乡村人才振兴的实践探索

乡村振兴战略实施以来，全国各地围绕乡村人才振兴，制定出台了适合本地区实际情况的乡村人才振兴相关规划和意见，因地制宜做好乡村人才开发工作，积极探索乡村人才振兴的有效路径和机制，为全国层面促进乡村人才振兴积累了宝贵经验。

一、加强顶层设计，强化政策引导

各级党委政府，要以实施乡村振兴战略作为当前农业农村工作的重点，围绕乡村人才振兴，积极加强顶层设计，及时制定出台政策文件，为乡村人才振兴提供政策保障。

（一）省级层面

山东省于 2018 年印发《山东省推动乡村人才振兴工作方案》《推进乡村人才振兴若干措施》。浙江省于 2019 年印发《关于实施"两进两回"行动的意见》，"两进两回"即"科技进乡村、资金进乡村、青年回农村、乡贤回农村"。

（二）市级层面

湖北省咸宁市印发《关于全面推进乡村人才振兴的实施意见》。浙江省嘉兴市印发《关于支持乡村人才振兴的若干政策措施》。浙江省宁波市印发《宁波市乡村振兴人才发展规划（2019—2022 年）》。山东省德州市制定《德州市乡村人才振兴实施方案（乡村人才振兴专班）》。

（三）县级层面

山东省青岛平度市、福建省泉州永春县、浙江省桐乡市等地都出台了乡村人才振兴的相关意见、实施方案和政策措施。

二、坚持因地制宜，分类重点开发

实现乡村全面振兴，需要乡村治理人才、农业经营人才、农村专业人才、社会服务人才等多种多样的人才共同参与，人才开发工作至关重要。全国各地，要坚持内部培育和外部引进相结合，根据各地经济社会发展实际情况，因地制宜做好各类乡村人才开发工作。

（一）乡村治理人才

要针对村党组织、村民委员会、村务监督机构、大学生村干部、驻村第一书记、新乡贤等不同组织和人员，根据其地位和功能，做到有针对性的培育。贵州省遵义市新蒲新区实施乡村振兴村级组织领军人才培养工程，实施区级领导帮带，整合区级平台培养，开展实践锻炼提升，着力培养一支能宣传党的主张、贯彻党的决定、领导基层治理、团结动员群众、推动改革发展的村级组织领军人才队伍。广东省连南县充分整合村（社区）"两委"干部、农村人才、党建网格队伍优化资源，努力构建垂直领导机制、集体作战机制、人才"进编"机制，大力打造"党建+"的治理模式，提升乡村治理效能。浙江省桐乡市积极探索出一条自治、法治、德治相结合的乡村治理之路，形成了"一约两会三团"的治理载体，"一约"即村规民约，"两会"即百姓议事会、乡贤参事会，"三团"即道德评判团、百事服务团、法律服务团。

（二）农业经营人才

要对新型职业农民、农业经营管理人才、创新创业人才进行了重点培育。陕西省安康市探索出"产业引领、协会搭桥、两新融合发展"的新型职业农民培育模式，以发展产业为主线，以壮大经营主体为路径，以组建职业农民协会为桥梁，通过政府部门、培育机构、经营主体、职农协会联合发力，推进新型职业农民和新型农业经营主体融合发展的一体化模式。浙江省湖州市培育产业发展的领军人才，深入实施"南太湖本土高层次人才特殊支持计划"等培育工程，重点在农业企业负责、农民专业合作社带头人、农家乐民宿经营业主、家庭农场主、农业服务组织负责人、农村电商带头人等生产经营能手中遴选支持一批引领带动现代农业、乡村旅游、乡村服务业、农村电子商务等特色产业发展的领军人才。浙江省宁波市深化创新创业人才培育，加强农业农村新经济、新产业、新业态和农业全产业链的创新创业人才孵化，推进城郊美丽乡村综合体、现代农业庄园、农旅文融合发展、"青创农场"、农村电商、农业社会化服务等创新创业人才培育。

（三）农村专业人才

要对农业科技人才及农业技术推广队伍、乡村规划建设人才、各类乡村工匠等农村专业人才进行有针对性的重点培育。浙江省宁波市加强基层农技推广人才队伍建设，完善基层农技推广体系，广泛开展农业新品种、新技术、新模式、新装备推广，加快科技成果向农业农村领域的转化与应用，加强科技特派员队伍建设，加大选派力度，深入农村基层开展科技知识服务。山东省威海市建立乡村规划师制度，面向规划建设专业人才选聘乡村规划师，设立乡村振兴规划咨询委员会，组建乡村规划师团队，对乡镇村庄规划编制、景点设计、特色风貌塑造等工作进行驻点指导。浙江省云和县探索出"云和师傅"这一新型劳动者培育和发展模式，该县拥有浙江省唯一以人称命名、拥有国家注册商标的劳务品牌"云和师傅"，持有"云和师傅"证书的知识技术型劳动者，涵盖食用菌、茶叶、水电、玩具、建筑、商贸、饮食、种养、加工等九大产业。

（四）社会服务人才

要对乡村教师、乡村医生、法律顾问、乡土文化人才等社会服务人才进行重点培育。山东省实施"公费师范生""公费医学生"和"公费农科生"，统称为公费生。公费师范生面向农村学校就业，公费医学生面向乡镇卫生院就业，公费农科生面向基层农业推广机构就业。天津市实施乡村教师专业技能提升项目，构建市、区、校三级联动的乡村教师校长培训体系，探索"互联网＋"网络研修社区、工作坊等新型培训模式，实施"领航教师培养计划"等骨干教师培训工程，组建乡村教师导师团队。安徽省在高职院校分类考试中实施乡村医生定向委托培养三年行动计划，按照"省搭平台、县级对接、填平补齐"的原则，依托高职院校分类考试招生，实施以县（区、市）为主体的乡村医生定向委托培养三年行动计划。广东惠州市积极落实法治为民行动，全面推行"一村一法律顾问"，充分发挥律师的专业优势，采取法律咨询、法律援助、普法宣讲等方式，增强农村干部群众的法治意识，提升法治乡村建设水平。

三、创新人才机制，强化制度支撑

乡村振兴是一项长期性战略工程，需要久久为功，需要各类乡村人才的长期参与。要围绕乡村"培育人才、引进人才、使用人才、留住人才"等方面，探索创新人才机制，强化乡村人才开发的长效制度支撑。

（一）培育人才机制

要将健全本土人才培育机制作为乡村人才振兴的重点工作，根据不同的乡村人才需求，各地采取订单式、定向式培养。贵州省遵义市播州区制订七大乡村振兴人才培育计划，具体包括：实施乡镇干部能力素质提升计划，实施村级干部育苗省级计划，实施农业实用技术人才培育计划，实施农村劳动力转移就业培育计划，实施产销对接经纪人培训计划，实施创新创业人才培育计划，致力于建立一个机制完善、精干高效、适应乡村治理需求的乡村振兴带头人培育体系，打造一支强大的乡村振兴人才队伍。山东省开展农民企业家、回乡大中专毕业生、农村种植高手、养殖能手和能工巧匠等乡土人才摸底调查，建立乡土人才信息库，建立健全乡土人才发现和培养机制，研究制定乡土人才培养培训政策，分级分类开展乡土人才教育和技能培训。

（二）引进人才机制

要畅通智力、技术、管理下乡通道，创新乡村人才引进方式，强化服务保障，引导、吸引社会各界人才投身乡村建设。浙江省湖州市深化与浙江大学在乡村振兴上的战略合作，依托"南太湖精英计划"，围绕农村特色产业，大力引导各类"高精尖缺"人才投身乡村振兴，大力推行柔性引才方式，支持海内外院士专家，通过兼职挂职、入股合作等形式为"上山下乡"提供智力服务。山东省鼓励支持各市、县（市、区）面向海内外山东籍企业家、创业者、金融投资业者、专家学者等各类人才招募"乡村振兴合伙人"，在现代生态农业、乡村旅游、农业生产和生产性服务业、农产品加工流通等方面开展全方位、多形式的合作，吸引、整合、调动各方资源，推动农村农业投资和科技成果转化。浙江省桐乡市推动"最多跑一次"改革向农村深化，建立乡村振兴人才服务专员、办事直通车等制度，为乡村人才提供政策咨询、项目申报、融资对接等服务。

（三）使用人才机制

要完善乡村人才职称评定，加强县域专业人才统筹使用，引导城市人才定期服务乡村，加强人才考核，用好用活各类人才。山东省全面创新基层人才职称评审制度，率先建立"定向评价、定向使用"基层职称制度，实行单独分组、单独标准、单独评审，并设置正高级职称；率先开展新型职业农民职称评审试点，打破学历、论文、科研成果等条框限制，重点考察职业农民的业绩贡献、技术水平、经济社会效益和示范带动作用。浙江省宁波市建立教育、文化、卫生等领域专业技术人才定期服务乡村机制，推进学校校长、医院院长、农技站站长等"三长"助力乡村振兴。浙江省湖州市积极推荐政治素质好、有突出贡献的乡村人才为各级劳模、"五一劳动奖章"获得者和"两代表一委员"，组织开展在领军人才、专业精英、乡村创客、能人乡贤和工匠能手等"五类英才"中选树一批"乡村振兴英才"，进行广泛宣传，营造人才引领乡村振兴的浓厚氛围。

（四）留住人才机制

要不断优化乡村发展环境，逐步完善社会保障制度，稳步提高福利待遇水平，激励各类人才愿意长期留在乡村。浙江省桐乡市切实解决好短期、周期到乡村工作的人才专家的居住问题，鼓励有条件的镇（街道）建设乡村人才公寓。甘肃省张掖市支持事业单位专业技术人才到基层离岗创业和兼职服务，认真落实事业单位专业技术人员离岗创业的相关政策。山东省烟台市为下乡返乡人员提供优惠政策支持，落实财政贴息、融资担保、扩大抵押物范围等综合措施，解决返乡下乡人员创业创新融资难问题。浙江省象山县加大建设用地保障，结合国土空间规划编制，预留10%的乡村产业建设用地指标，在安排土地利用年度规划时，安排不少于5%的新增建设用地指标，支持和保障乡村重点产业和项目用地。

第四节　乡村人才振兴的战略部署

推进乡村人才振兴，把人才资本开发放在首要位置，坚持"党管人才、政府主导，农民主体、社会参与，分类开发、因地制宜，统筹谋划、长效推进，技术支撑、精准对接"五项基本原则，重点关注"目标导向和问题导向、内部培育和外部引进、政府引导和市场机制、经济激励和精神激励、总体要求和重点突破"五个结合，重点开发"乡村治理人才、农业经营人才、农村专业人才、社会服务人才、社会各界人才"五类人才，创新乡村"培育人才、引进人才、使用人才、留住人才"四大机制，构建完善乡村人才振兴的体制机制和政策体系。

一、基本原则

（一）坚持党管人才、政府主导

要强化党对乡村人才工作的领导，健全组织部门指导、农业农村部门牵头、其他部门共同参与、社会力量广泛支持的工作体系。要提高对乡村人才工作重要性的思想认识，强化乡村人才作为第一资源在乡村振兴战略中的定位，增强乡村振兴的人才驱动。要落实乡村人才供给优先保障，充分发挥政府调控作用，积极引导人才要素向乡村流动，建立保障机制，做好公共服务，营造良好氛围。

（二）坚持农民主体、社会参与

要充分尊重农民在乡村人才振兴中的主体地位，发挥农民的积极性、主动性、创造性，激发农民自身发展潜力，充分考虑农民意愿，广泛征求农民意见，将乡村人才振兴工作与农民主体性有机融合。要积极引导乡村经济社会发展融入社会主义市场经济体系，广泛吸引社会各界人才参与乡村建设，建立城乡之间人才资源要素的有机衔接，畅通人才流动渠道。

（三）坚持分类开发、因地制宜

要根据乡村振兴战略对乡村人才的需求，根据不同乡村人才的激励和保障需求，采取差异化、针对性措施，分类开发乡村治理人才、农业经营人才、农村专业人才、社会服务人才，积极引导社会各界人才投身乡村建设。要结合各地农业农村转型发展的实际需要，因地制宜推进各类人才队伍开发。

（四）坚持统筹谋划、长效推进

要突出乡村人才队伍建设的目标导向和问题导向，统筹谋划乡村振兴人才建设工作，创新乡村人才资源开发方式，建立多层次农业农村人才结构体系。要重点围绕乡村"培育人才、引进人才、使用人才、留住人才"等工作，构建完善乡村人才振兴的体制机制和政策体系，夯实乡村人才队伍开发的长效制度保障。

（五）坚持技术支撑、精准对接

要将乡村人才开发纳入数字乡村建设，利用大数据信息技术，推进乡村人才大数据信息交流平台开发，有效降低乡村人才供需双方的信息不对称，促进乡村人才供需双方在更大范围内，以更灵活的方式实现精准对接，促进乡村人才实现跨区合理流动。

二、总体思路

推进乡村人才振兴，构建完善乡村人才振兴的体制机制和政策体系，需要重点关注以下五个结合。

（一）注重目标导向和问题导向相结合

乡村人才振兴的目标导向，是指结合乡村振兴战略"产业兴旺、生态宜居、乡风文明、治理有效、生活富裕"的总目标，系统梳理乡村振兴战略对乡村人才的需求，聚焦"乡村治理人才、农业经营人才、农村专业人才、社会服务人才、社会各界人才"五类人才，形成全方位、多层次乡村人才结构体系。乡村人才振兴的问题导向，是指围绕乡村人才开发普遍面临的发展困境，重点做好乡村"培育人才、引进人才、使用人才、留住人才"等工作，构建完善乡村人才振兴的体制机制和政策体系，形成充满活力、富有效率的乡村人才制度支撑体系。

（二）注重内部培育和外部引进相结合

乡村人才的内部培育是乡村人才振兴的根基，要充分尊重亿万农民在乡村人才振兴中的主体地位，发挥农民的积极性、主动性、创造性，通过学历教育、技能培训、实践锻炼等多种方式，多渠道、全方位培育乡村本土人才。乡村人才的外部引进是乡村人才振兴的重要渠道，要以乡情乡愁为纽带，以事业待遇为激励，让乡村美好的环境留住人，让乡村兴旺的产业吸引人，推动农民返乡、市民下乡、能人回乡、企业兴乡，畅通智力、技术、管理下乡通道，引导、吸引社会各界人才投身乡村建设。

（三）注重政府引导和市场机制相结合

乡村人才振兴要发挥好政府的引导作用，加大公共财政对乡村人才队伍建设的投入力度，通过创新乡村人才资源开发方式、推进乡村人才培育体系建设、搭建农业农村创新创业平台、加大乡村人才奖励激励、推进乡村人才评价、营造乡村人才发展良好氛围等方式，不断优化乡村人才发展环境，鼓励、引导、动员各类人才参与乡村建设。乡村人才振兴要充分发挥市场机制在资源配置中的决定性作用，通过完善产权制度改革和要素市场化配置改革，激发各类主体的活力和积极性，让乡村的产业留住人，让乡村的机会吸引人，激励各类人才在广阔农村大施所能、大展才华、大显身手。

（四）注重经济激励和精神激励相结合

乡村人才的经济激励，主要体现为乡村人才的经济收益，工商资本、创新创业人才追求乡村产业的发展机会，确保乡村产业的投资回报率能够高于社会平均利润，村干部、乡村医生、乡村教师等乡村人才的经济激励则需要不断提高他们的福利待遇水平。乡村人才的精神激励，主要体现在乡村人才的职务晋升、职称评定、荣誉称号等方面，包括为优秀的村干部提供上升通道、建立乡村人才专业技术职称评定制度、选拔具有示范作用的优秀乡村人才、积极吸纳优秀乡村人才加入党组织等，增强乡村人才的责任感、荣誉感等。

（五）注重总体要求和重点突破相结合

乡村人才振兴的总体要求，是指紧紧围绕实施乡村振兴战略，把人才资本开发放在首要位置，实施更积极、更开放、更有效的农业农村人才政策，构建完善乡村人才振兴的体制机制和政策体系，做大乡村人才数量，提升乡村人才质量，优化乡村人才结构，为推进乡村振兴战略提供强有力的人才支撑。乡村人才振兴的重点突破，是指根据不同乡村人才的激励和保障需求，采取差异化、针对性措施，结合各地农业农村转型发展的实际需要，因地制宜推进各类人才队伍开发。

三、目标任务

（一）总体目标

到 2025 年，构建形成全方位、多层次乡村人才结构体系，逐步健全完善乡村"培育人才、引进人才、使用人才、留住人才"等机制,基本形成充满活力、富有效率的乡村人才制度支撑体系。乡村人才队伍不断壮大,乡村人才质量不断提升,乡村人才结构不断优化,新型农业经营主体不断壮大,复合型人才大量涌现,各类乡村人才大量聚集,在促进农业转型升级、推动乡村产业融合发展、带动农民就业增收、提升乡村治理效能等方面的作用越发凸显,为全面推进实施乡村振兴战略提供强有力的人才支撑。

(二)主要任务

围绕乡村振兴战略"产业兴旺、生态宜居、乡风文明、治理有效、生活富裕"的总目标,大力推进乡村人才振兴,统筹推进"乡村治理人才、农业经营人才、农村专业人才、社会服务人才"四类乡村人才队伍建设,不断完善乡村"培育人才、引进人才、使用人才、留住人才"等机制。

1. 乡村治理人才

提升村干部综合素质,完善大学生村干部和第一书记服务机制,鼓励引导新乡贤参与乡村发展,建设一支"懂农业、爱农村、爱农民"的乡村治理人才队伍。

2. 农业经营人才

完善新型职业农民培育体系,重点培养农业经营管理人才,大力培育创新创业人才,建设一支"懂技术、善经营、会管理"的农业经营人才队伍。

3. 农村专业人才

加强农技推广人才队伍建设,培育乡村规划建设人才,培育各行各业乡村工匠,为发展现代农业、建设美丽乡村、传承农耕文明提供专业技术支撑。

4. 社会服务人才

加强乡村医生队伍建设,加强乡村教师队伍建设,培育乡村法律服务队伍,挖掘培育乡土文化人才,不断提升乡村在教育、医疗、文化等方面的公共服务质量。

5. 社会各界人才

以乡情乡愁为纽带,广泛动员各类社会组织,畅通智力、技术、管理下乡通道,积极引导和鼓励社会各界人才投身乡村建设。

四、乡村人才振兴的政策设计

要紧紧围绕乡村振兴战略实施，大力推进乡村人才振兴。要系统梳理乡村振兴战略对乡村人才的需求，重点开发乡村振兴"五类人才"，形成全方位、多层次乡村人才结构体系。要针对乡村人才在"培育人才、引进人才、使用人才、留住人才"等方面存在的发展困境，逐步健全乡村人才振兴"四大机制"，形成充满活力、富有效率的乡村人才制度支撑体系。

（一）重点开发乡村振兴"五类人才"

1. 乡村治理人才

要提升村干部综合素质，完善大学生村干部和第一书记服务机制，鼓励引导新乡贤参与乡村发展，建设一支"懂农业、爱农村、爱农民"的乡村治理人才队伍。

（1）提升村干部综合素质

要开展农村基层干部学历提升教育，开展农村基层干部专业技能、实用办公技能培训，定期举办专题培训班；选聘一批精通党务工作、治村经验丰富、素质高的村党组织书记担任"兴村名师"，建设一支推进乡村振兴的基层骨干队伍；健全从优秀村党组织书记中选拔乡镇领导干部、乡镇公务员、乡镇事业编制人员机制；通过本土人才回引、院校定向培养、县乡统筹招聘等渠道，吸纳高校毕业生、进城务工农村人员、机关企业事业单位优秀党员干部到村任职，储备一定数量的村级后备干部。

（2）完善大学生村干部和第一书记服务机制

要加强大学生村干部服务管理，制定出台管理办法，明确规定选聘任职、管理服务、聘用关系及考核奖励等方面内容；落实好大学生村干部各项福利待遇，拓宽大学生村干部就业渠道，切实提高大学生村干部的生活保障与发展预期；通过定期举办"大学生村干部论坛"、组织培训、基层领导班子帮扶等方式，提高大学生村干部面向基层服务的能力；强化大学生村干部考核评价作为大学生村干部续聘、奖惩、评优的重要依据。持续向软弱涣散村、集体经济薄弱村党组织派出第一书记，建立长效机制。

（3）鼓励引导新乡贤参与乡村发展

要鼓励有条件的地区探索选派乡村振兴指导员、乡村振兴驻村工作队，定期选派一批政治过硬、熟悉农村工作的干部回原籍村或邻村担任乡村振兴指导员；支持和鼓励制定选派党政机关干部、离岗、退休干部回村联系指导的具体办法。积极培育"乡贤参事会"等乡贤组织，吸引支持企业家、党政干部、专家学者、社工人才等回馈故里、服务乡村。

2. 农业经营人才

要完善新型职业农民培育体系，重点培养农业经营管理人才，大力培育创新创业人才，建设一支"懂技术、善经营、会管理"的农业经营人才队伍

（1）完善新型职业农民培育体系

要健全以"教育培训、认定管理、定向扶持"为主要内容的新型职业农民培育体系；统筹农业广播电视学校、涉农院校、农技推广等各类教育培训资源，加快构建"政府主导＋专门机构＋多方资源＋市场主体"的农民培训体系；实施新型职业农民培育工程，重点面向从事农业生产经营的新型农业经营主体带头人、农业产业扶贫对象、返乡下乡双创人员、种养大户等，分类型、分层次开展培养；建立公益性农民培养制度，将全日制农业中等职业教育纳入国家资助政策范围，支持新型职业农民通过弹性学制参加中高等农业职业教育；健全新型职业农民职称制度，研究制定符合职业农民特点的职称标准条件和评审程序，打破职业农民职称评审的学历、专业等限制，制定出台《新型职业农民人才评价管理办法》。

（2）重点培养农业经营管理人才

要面向农村新产业、新业态，优化从业者队伍结构，加快建设知识型、技能型、创新型农业经营管理人才队伍。支持实施"本土农业高层次人才"培育工程，重点在农业企业负责人、农民合作社带头人、家庭农场主、农业服务组织负责人、农村民宿负责人等生产经营能手中遴选一批特色产业发展的领军人才；开展农业职业经理人培育工作，建立农业职业经理人选拔、培养、聘用、考核、管理和交流机制，着力将务农青年、返乡农民工、大学生、转业军人、种养能手等培养成掌握农业生产经营管理技能的"职业经理"；鼓励有条件的乡村引进精通农业三产融合发展的技术型人才、经营型人才及管理型人才，打造优秀经营管理人才团队。

（3）大力培育创新创业人才

要鼓励引导在外创业有成、热爱家乡的创业能人、社会贤达等，返乡创办实业；开展返乡农民工特色创业培训。优化农村电商发展环境，加大农村电商人才

队伍培养力度，引导具有实践经验的电子商务从业者返乡创业；引导和鼓励高等院校、科研院所、国有企业等企事业单位专业技术人员到乡村离岗创新创业；实施乡村振兴青春建功行动，鼓励高校毕业生投身现代农业建设、从事符合条件的创业项目。支持有条件的县（市、区），在资金支持、创业场地、项目孵化、融资担保等方面探索制定支持返乡下乡创业的优惠政策。

3. 农村专业人才

要加强农技推广人才队伍建设，培育乡村规划建设人才，培育各行各业乡村工匠，为发展现代农业、建设美丽乡村、传承农耕文明提供专业技术支撑。

（1）加强农技推广人才队伍建设

要实施基层农技推广人才定向培养计划，由乡镇农业技术推广机构根据岗位编制空缺提出申请，在农学、植物保护、农林经济管理等方面，以定向招考形式，做好基层农业技术人员培养，引导鼓励农科毕业生到基层开展农技推广服务；实施农业技术推广服务特聘计划，鼓励中高级专业技术人才扎根乡村，着力引进培育一批引领农业科技前沿、推动农业科技成果转化的农业科技领军人才；建立高等院校、科研院所等事业单位专业技术人员到乡村和企业挂职、兼职和离岗创新创业制度，保障其在职称评定、工资福利、社会保障等方面的权益；壮大科技特派员队伍，完善科技特派员管理服务制度；健全科研人员以知识产权明晰为基础、以知识价值为导向的分配政策，调动科研人员的积极性；探索公益性和经营性农技推广融合发展机制，允许农技人员通过提供增值服务合理取酬，通过购买服务等方式，支持引导市场化主体参与农技推广服务。

（2）培育乡村规划建设人才

要推进实施乡村规划师制度，派遣乡村规划师、乡村建筑师、乡村设计师等深入服务乡村，努力培养造就一支知识型、技能型、创新型的乡村规划建设人才队伍；依托高校与科研机构，组建由规划、建筑、景观、产业、人文、美术等专业人士构成的"乡村规划建设人才储备库"，建设产学研实践基地，促进乡村规划理论成果和实践紧密结合；通过社会招聘、征集志愿者、选调任职等多种方式，拓宽乡村规划建设人才选拔途径，有效优化乡村规划建设人才人员结构；加强乡村规划建设人才在岗人员培训，提高服务意识和实战技能。完善乡村规划建设人才激励机制，实施薪金动态增长，加强评奖评优。

（3）培育各行各业乡村工匠

要重点围绕传统手工艺者、非遗传承人等领域挖掘培养一批"土专家""田秀才"；探索制定"乡村工匠"评价办法，建立"乡村工匠"认定发证制度；开展乡村工匠选树活动，掀起乡村工匠比武热潮；制订乡村传统技艺技能保护计划，编制民间技能人才目录，鼓励支持民间技能大师以师带徒等形式培养技能人才，培育一批乡村传统技艺接班人；实施农村地区传统工艺人才振兴计划，培育形成具有民族和地域特色的传统工艺产品，支持传统工艺产品走进生活、走入市场、走向大众，带动乡村产业发展，有条件的地区可以打造特色产业集聚区。

4. 社会服务人才

要加强乡村医生队伍建设、加强乡村教师队伍建设，培育乡村法律服务队伍，挖掘培育乡土文化人才，不断提升乡村在教育、医疗、文化等方面的公共服务质量。

（1）加强乡村医生队伍建设

要加强对乡村医生队伍的人才培养，实施乡村医生定向培养计划，提升乡村医生队伍素质和乡村医疗服务能力；加强对乡村医生队伍的人才输入，制定更优惠的政策引导并鼓励本专科及以上学历的大学毕业生和城市医疗卫生技术人员到农村服务，或通过城乡医院对口帮扶，轮流下派医疗卫生技术人员到边远山区卫生院工作；全面提高乡村医生生活待遇，支持乡村医生申请执业（助理）医师资格。

（2）加强乡村教师队伍建设

要加大偏远农村学校新教师补充力度，实施乡村教师定向培养计划，解决乡村教师紧缺和学科结构不合理问题；选派优秀乡村骨干教师到教育发达地区挂职锻炼学习，提高业务水平；全面提高乡村教师生活待遇，职称（职务）评聘向乡村学校倾斜，乡村教师的职称（职务）评定要优于城市，评定时间间隔要短，适用条件要放宽；推动城镇优秀教师向乡村学校流动，尤其要重视中西部和贫困地区的乡村教师配给。

（3）培育乡村法律服务队

要落实"一村一法律顾问"制度，组建一支由各村法律顾问、普法工作人员为成员的普法志愿服务队；重点培育一批以村干部、网格员、村民小组长等为重点的"法治带头人";加强对乡村法律服务工作督查考核。

（4）挖掘培养乡土文化人才

要鼓励各地制定出台相关扶持政策，重点围绕传统农耕文化、非遗传承人等挖掘培养一批乡土文化人才，扶持发展民间文艺社团和业余文化队伍；依托乡村文化礼堂、祠堂等地，建设乡土文化人才实训基地，分层次、分类别开展乡土文化人才培训；鼓励乡土文化人才到美丽乡村示范村、传统村落、精品路线等区域开展才艺展示、传授技能绝活和传播民间文化。积极开发传统节日文化用品和武术、戏曲、舞龙、舞狮、锣鼓等民间艺术、民俗表演项目，促进文化资源与现代消费需求有效对接。

5. 社会各界人才

要以乡情乡愁为纽带，广泛动员各类社会组织，畅通智力、技术、管理下乡通道，积极引导和鼓励社会各界人才投身乡村建设。

（1）以乡情乡愁为纽带吸引社会各界人才

要吸引支持企业家、党政干部、专家学者、医生教师、规划师、建筑师、律师、技能人才等各类人才，通过担任志愿者、投资兴业、行医办学、捐资捐物、法律服务等方式参与乡村发展。

（2）广泛动员各类社会组织参与乡村建设

要发挥好工会、共青团、妇联、科协、残联等群团组织的组织动员优势，发挥好各民主党派、工商联、无党派人士等的积极作用，凝聚全社会力量参与乡村发展。

（3）鼓励引导工商资本参与乡村振兴

要对工商资本参与乡村振兴进行规范引导，防止损害农民利益，明确政策边界。

（4）允许符合条件的公职人员回乡任职

要鼓励各地在符合国家法律法规的前提下，探索公务员、事业单位人员通过挂职、任职、兼职、留职停薪等办法，参与乡村发展。

（二）逐步健全乡村人才振兴"四大机制"

1. 强化乡村人才培育机制

乡村人才的内部培育，是乡村人才振兴的根基所在。要尊重农民的主体地位，调动农民的积极性，精准培育乡村人才，创新乡村人才培育模式，全方位、多渠道培育乡村人才。

（1）精准培育乡村人才

要解决好"重点培育哪些乡村人才"的问题。第一，要稳步推进新型职业农民培育工作，分类做好生产经营型、专业技能型和社会服务型新型职业农民培育，显著提升新型职业农民队伍总体文化素质、技能水平和经营能力；第二，要重点培养农业经营管理人才，引导树立现代企业管理、产业融合发展、绿色生态发展等理念，提升决策经营管理能力，成为引领现代农业发展的主力军；第三，要深化乡村创新创业人才培育，孵化一批"农创客""青创客"，为农业农村发展注入新鲜血液、新生力量；第四，要加强农业科技人才培育，培育一批现代种业、农业科技、设施装备、信息技术等科技研发、应用、推广队伍，提升农业科技水平，加快推进农业现代化；第五，要加强村干部及村后备人才培育工作，定期举办农村基层干部专题培训班，提高村干部实用办公技能水平，提升村干部综合素质；第六，要挖掘培育一批乡土文化人才，促进农耕文明传承，繁荣乡村文化。

（2）创新乡村人才培育模式

要解决好"怎么培育乡村人才"的问题。第一，要建立乡村紧缺人才定向培养制度，实施百万乡土人才定向培养计划，采取委托培养、订单培养或者定向就业、专项奖学金、学费减免等方式，定向培养一批乡村教师、乡村医生、基层农技人员等；第二，要强化校地合作，打造一批乡村振兴人才培养优质学校，大力推行农科教相结合，支持高等学校、职业院校综合利用教育培训资源，灵活设置专业方向，显著提升涉农职业院校培养高素质农业农村人才的质量水平；第三，要完善涉农院校、田间学校和实训基地等多方参与的人才培养体系，大力推行"学历＋技能＋创业"立体化培育模式，支持乡村振兴实训基地建设；第四，可以通过举办高级研修班，定向培训乡村振兴急需的农村骨干专业技术人才和农业高级经营管理人才

2. 创新乡村人才引进机制

乡村人才的外部引进，是乡村人才振兴的重要渠道。要畅通智力、技术、管理下乡通道，精准引进乡村人才，创新乡村人才的引进方式，强化服务保障，引导、吸引社会各界人才投身乡村建设。

（1）精准引进乡村人才

要解决好"重点引进哪些乡村人才"的问题。农民工，长期在外打工，有经验、有技术、有经济基础，对家乡有感情，返乡创业能够带动周边农民致富。农村大学生，学历高、有知识、有干劲，返乡创业或者回乡就业，能够整体提升乡村人才的综合素质，是农业经营和乡村治理的新生力量。中高级专业技术人才，引领农业科技前沿，推动农业科技成果转化，能够提升乡村农业技术水平和农技推广服务能力。乡村医生和乡村教师紧缺，存在"招不进、留不住"的困境。乡村振兴对乡村规划、房屋设计等方面提出了更高的要求，而乡村规划建设人才目前十分紧缺。新乡贤，有资源、有能力、有回馈乡里的主动性，可以在乡村建设、乡村治理、产业发展等方面发挥作用。这些人才都是重点引进的对象。

（2）搭建平台，筑巢引凤

①搭建校地合作平台。要建立高校大学生合作交流机制，通过定向培养、专场招聘、职业指导、实训实习、基层锻炼等形式，推动大学生返乡就业创业；建立农业科技创新成果转化机制，鼓励高校、科研院所在乡村设立涉农研发平台，促进科研成果转化；举办各类乡村振兴论坛，支持高校、科研院所在乡村举办符合乡村振兴重点发展领域方向的高端论坛及人才、科技、文化等交流活动。②搭建外出务工人员回引平台。要建立外出务工人员信息数据库，加强沟通交流，整合创建一批区域特色明显、基础设施完备、创新条件完善、服务能力较强的创业孵化基地，引导有一定经济实力和发展潜力的外出务工人员投资家乡。

（3）柔性引才，不求所有但求所用

①实施更灵活的乡村人才引进方式。要支持各地建设院士工作站、科技小院等乡村振兴专家服务基地，柔性引进院士、专家等急需紧缺的高层次人才。②实施乡村医疗机构信息化改造。要以互联网信息技术为纽带，实现与城市医院互联对接，通过"在线问诊、远程会诊"的方式，推动优质医疗资源城乡共享，提升乡村医疗质量。③加快补齐农村教育信息化短板。要优先安排信息化建设投入资金用于农村尤其是边远地区乡村学校，通过在线课堂的方式，推动优质教育资源城乡共享，提高乡村教师教学水平，提升乡村教育质量。

（4）强化政策支持和服务保障

要落实好行业准入、行政审批、配套设施建设补助、贷款贴息、税费减免等扶持政策，推动"最多跑一次"改革向农村深化，设置"一站式"人才服务窗口，为乡村人才提供政策咨询、职称申报、项目申报、融资对接、业务办理等服务。

3. 优化乡村人才使用机制

用好用活各类人才，是乡村人才振兴的有效方式。要完善乡村人才职称评定，加强县域专业人才统筹使用，引导城市人才定期服务乡村，加强人才考核与优秀典型选树，构建人尽其才的使用机制。

（1）完善乡村人才职称评定制度

要根据乡村不同工作领域分类设置乡村人才评价标准，注重考察岗位工作绩效、实际贡献度，打破唯学历、唯资历、唯论文等限制，适当放宽贫困县和基层一线工作专业技术人才职称评定条件。要畅通特殊人才评价"绿色通道"，对引进的高层次人才、急需紧缺人才，直接评审职称，对有突出贡献的人才，破格晋升和评定相应的技术职称。

（2）建立县域专业人才统筹使用制度

要统筹使用基层编制资源，加大动态管理力度，使有限的基层编制资源向乡村农技、中小学、幼儿园、卫生院、养老院等领域倾斜。特别是推进县域教师、医生等专业人才的统筹使用，加强服务管理和机制建设，有效解决乡村专业人才数量短缺、质量不高、结构不优的问题。

（3）建立城市人才定期服务乡村制度

要全面建立城市医生、教师、科技文化人员等定期服务乡村机制，在职称评定、职务晋升、人才培养使用等方面予以重点考虑，形成正向激励机制，引导城市各类人才为乡村振兴贡献力量。

（4）加强人才考核与优秀典型选树

要优化人才工作考绩考核机制，科学合理制定人才工作考核指标。通过组织开展各类乡村人才选树活动，对推动乡村振兴做出突出贡献的乡村人才给予称号、表彰和奖励。在推荐、选拔国家级和省级人才时，向基层优秀人才倾斜。大力宣传优秀乡村人才创业创新、科技致富、艰苦奋斗的突出贡献和典型事迹，不断提升各类人才在乡村创业创新中的成就感，营造人才引领乡村振兴的浓厚氛围。

4. 完善乡村人才留人机制

留住乡村人才，是乡村人才振兴的关键所在。要持续改善乡村生活环境，不断优化乡村发展环境，逐步完善社会保障制度，稳步提高福利待遇水平，激励各类人才愿意长期留在乡村。

（1）改善乡村生活环境

要持续改善农村供水、供电、道路、网络等基础设施，促进农村基础设施提档升级。同时，要全面推进农村生活垃圾治理，梯次推进农村生活污水治理，加快推进卫生厕所改善，深入开展农村人居环境整治，提升村容村貌。

（2）优化乡村发展环境

要加大公共财政对乡村人才队伍建设的投入力度，建立政府主导的多元化投入机制。要加大金融支持力度，鼓励、引导金融机构加大对乡村人才振兴的金融支持，以满足乡村人才振兴各项资金需求。要强化创业用地保障，安排建设用地计划指标，优先保障乡村振兴人才创新创业需求，用于支持农村新产业、新业态发展。

（3）完善社会保障制度

要引导家庭农场、农民专业合作社等新型经济组织和乡村企业规范劳动关系，依法订立劳动合同，参加企业职工基本养老、职工基本医疗、失业、工伤和生育保险。要建立完善乡村医生保障制度，养老保险所需经费由财政、乡村医生按照一定的比例共同承担，使乡村医生实现老有所养。要做好返乡下乡人员社保关系转移接续等工作，拓宽社保覆盖范围，给予子女入学、医疗保健、住房保障等方面的各项待遇。要鼓励有条件的地区建立乡村振兴人才公寓，解决短期、周期性到乡村工作的人才集中居住问题，对高层次引进人才采用分类补助模式提供购租房优惠。

（4）提高福利待遇水平

要提高乡村教师待遇，职称（职务）评聘要向乡村学校倾斜，乡村教师的职称（职务）评定要优于城市。要逐步提高乡村医生待遇，包括基本工资和绩效工资，并建立随工龄增长的工资增长机制。要允许农业科技推广人员通过兼职方式，为农户、农民专业合作社等提供增值服务合理取酬。

第五节　乡村人才振兴的保障措施

乡村人才振兴，既要构建科学有效的政策体系，更要完善相关保障措施，确保各项政策措施落地生根、取得实效。

一、加强组织领导

要认真落实"党管人才"原则，提高对乡村人才工作重要性的思想认识，强化乡村人才作为第一资源在乡村振兴战略中的定位。要建立健全由各级党委政府统一领导、组织部门牵头抓总，农业农村部门、人力资源和社会保障部门具体负责，有关部门共同参与的工作机制，明确将乡村人才纳入各级党委组织部人才办的统筹管理范围，协调解决乡村人才工作推进过程中的重点、难点问题。各级党委政府要压实主体责任，紧扣人民群众现实需求，聚焦关键问题，形成工作合力，结合实际抓好各项政策措施的贯彻落实。

二、落实经费保障

要把乡村人才振兴放在公共财政优先支持的位置，进一步加大财政投入力度。由中央层面设立乡村人才振兴专项资金，通过纵向转移支付拨付给各个区县，用于推进区县乡村人才振兴相关工作，规范专项资金用途，防止省市截留用于产业项目，防止区县以整合涉农资金名义挪用于其他用途，做到专款专用。

三、强化督查考核

各级党委政府要把推进乡村人才振兴纳入乡村振兴战略总体规划，将乡村人才振兴年度成效纳入人才工作目标责任制和乡村振兴战略的重点考核内容。各地区有关成员单位要分解落实好乡村人才振兴的重点任务，建立完善督导落实机制，夯实工作责任。各县区要抓紧制订相应的乡村人才振兴实施方案，并建立健全检查考核机制。

四、营造良好氛围

要坚持正确舆论导向，加大对各类人才扎根农村、服务"三农"、创新创业的宣传力度，充分发挥优秀乡村人才先进事迹的典型示范作用，及时总结好经验、好做法，努力形成一批可推广、可复制的乡村人才资源开发新模式，在全社会营造尊重、关心、爱护乡村人才发展的良好氛围。

五、开发大数据平台

要结合数字乡村建设，利用互联网信息技术，加快推进乡村人才大数据信息交流平台开发。依托乡村人才大数据平台，统筹推进区域内乡村人才开发工作，整体描绘乡村人才的区域现状，动态汇总乡村人才供需双方信息，有效降低信息不对称，促进乡村人才供需双方在更大范围内，以更灵活的方式实现精准对接，促进乡村人才实现跨区合理流动。

参考文献

[1] 伍聪. 电子商务发展与乡村振兴战略 [M]. 北京：中国人民大学出版社 2021.

[2] 于战平，李春杰. 都市农业发展与乡村振兴 [M]. 天津：南开大学出版社，2021.

[3] 吉根宝，孔祥静，王丽娟，等. 基于乡村振兴战略的乡村文化保护与旅游利用 [M]. 南京：南京大学出版社，2021.

[4] 陆超. 读懂乡村振兴 [M]. 上海：上海社会科学院出版社，2020.

[5] 袁建伟，曾红，蔡彦，等. 乡村振兴战略下的产业发展与机制创新研究 [M]. 杭州：浙江工商大学出版社，2020.

[6] 宋惠敏. 乡村振兴与农民工人力资源开发研究 [M]. 石家庄：河北人民出版社，2019.

[7] 中国共产党迪庆藏族自治州委员会党校. 迪庆乡村振兴路径研究 [M]. 昆明：云南人民出版社，2019.

[8] 周炜坚. 乡村振兴战略下丽水生态农业科技创新研究 [M]. 石家庄：河北科学技术出版社，2019.

[9] 陈美球. 乡村振兴与土地使用制度创新 [M]. 南京：南京大学出版社，2019.

[10] 蔡竞. 产业兴旺与乡村振兴战略研究 [M]. 成都：四川人民出版社，2018.

[11] 戴子洋. 乡村振兴战略下高素质农民教育培训提升路径研究 [D]. 杭州：浙江工商大学，2023.

[12] 申屠雪静. 乡村振兴政策跟踪审计研究 [D]. 杭州：浙江工商大学，2023.

[13] 史清涵. 乡村振兴战略背景下农商银行竞争战略研究 [D]. 济南：山东建筑大学，2022.

[14] 黎海军. 乡村振兴背景下城乡建设用地增减挂钩的问题及对策研究 [D]. 成都：四川师范大学，2022.

[15] 杨苏宁.乡村振兴背景下脱贫人口可行能力提升研究 [D].长春：吉林大学，2022.

[16] 刘佳欣.大学生志愿服务助力乡村振兴路径研究 [J].南方农机，2023，54（08）：110-113.

[17] 赵建博.互联网应用在乡村振兴中的实践探索 [J].新闻前哨，2023（06）：19-21.

[18] 郭占锋，张森，乔鑫.参与式行动：中国乡村振兴实践的路径选择 [J].南京农业大学学报（社会科学版），2023，23（02）：24-32+102.

[18] 杨宇航，岳金月.乡村振兴与大学生返乡创业的双螺旋耦合机制研究 [J].石家庄学院学报，2023，25（02）：61-65.

[20] 成涛.新时代背景下宿州乡村振兴面临的问题、机遇和发展路径——基于中部平原脱贫地区乡村振兴的考察 [J].现代农机，2023（02）：49-52.

[21] 赵洋滋.乡村振兴战略下农业专项资金审计问题与策略研究 [J].大陆桥视野，2023（03）：105-107.

[22] 潘梓颖.大数据技术助力乡村振兴审计问责机制 [J].中国乡镇企业会计，2023（03）：181-183.

[23] 林知语.绿色金融助力乡村振兴的路径研究——以河南省为例 [J].经济师，2023（03）：109-110.

[24] 孟维福，张高明，赵凤扬.数字经济赋能乡村振兴：影响机制和空间效应 [J].财经问题研究，2023（03）：32-44.

[25] 高栓成.辽宁乡村振兴与乡村旅游耦合协调关系研究 [J].绥化学院学报，2023，43（03）：50-52.

[26] 牛猛，李富强.助力乡村振兴 彰显央企社会责任担当——央企接续推进乡村振兴实施路径探索 [J].价格理论与实践，2023（01）：45-48.

[27] 刘倩.四川省农业保险与乡村振兴的耦合协调发展研究 [J].时代经贸，2023，20（02）：137-139.

[28] 邓惠，周志勇.应用型本科院校赋能乡村振兴战略的创新人才培养模式探析 [J].产业创新研究，2023（04）：193-195.

[29] 涂保铭 . 影视文旅产业助推乡村振兴策略研究 [J]. 太原城市职业技术学院学报，2023（02）：55-57.

[30] 钱佳琦 . 关于文化产业赋能乡村振兴的梳理与再思考 [J]. 文化产业，2023（06）：144-146.